U0519947

张源　主编

白璧德文集
第 1 卷

文学与美国的大学

为捍卫人文学科而作

张沛　张源　译

商务印书馆

Irving Babbitt
LITERATURE AND THE AMERICAN COLLEGE
Essays in Defense of the Humanities
1908 by Houghton, Mifflin Company
据美国霍顿·米夫林出版公司 1908 年版译出

《白璧德文集》总序

"新文化运动"后期,美国哈佛大学教授欧文·白璧德(Irving Babbitt,1865—1933)的人文主义学说通过吴宓、胡先骕、梅光迪、徐震堮、张荫麟、梁实秋等学人的译介与阐释进入中国,与其他西方观念和思潮一同参与推进了中国的现代转型,在中国现代思想史上留下了不可磨灭的印记。

与世界思想潮流相应,现代中国也出现了"保守""自由""激进"等不同思想支流,且其中某些成分可找到远在西方的源头,如胡适等"自由派",即中国"新文化派"右翼,吸收了其美国导师杜威(John Dewey, 1859—1952)的实用主义;李大钊、陈独秀等"激进派",即"新文化派"左翼,则选择了马克思主义。此外还有以吴宓为代表的"学衡派"等"保守主义者",即"新文化运动"的"反对派",继承了其美国导师白璧德的人文主义。中国现代思想史上"自由""激进""保守"的三重变奏,实为思想界、知识界的先行者与爱国者汲引不同西方思想体系,就中国现实而提出的同一个问题——中国的现代转型问题,所给出的不同的乃至对立的解决方案,这在今天已成为学界共识。不过,"激进""自由""保守"三分法,仅是宏观审视现代世界思想格局的大致框架,未可视为壁垒分明的固定阵营。

比如,作为现代中国自由主义及保守主义思潮来源地之一的美国,本身并不存在欧洲意义上的保守主义传统。自由主义作为美国社会的主流意识形态,自始至终占据着绝对的统治地位。如果一定要讨论美国的"保守主义",首先要明确,这并非一套固定不变的政治原则与意识形态,而更多地关系到人群的态度、情感与倾向,代表了人们维持现状的愿望与"保守"既定习惯、秩序与价值的心态。在美国这片土地上,人们要"保守"的正是自由主义的基本信念与价值,从而美国"保守主义"的核心实为自由主义。这两种"主义"就这样在美国发生了奇特的错位现象:"保守主义"的核心理念反倒是"自由",意图"保守"的是古典自由主义的基本信念;而"自由主义"的核心理念则是"平等",此即美国自由主义思想体系中较为"激进"的一个分支——"新自由主义"(new liberalism)的根本信仰。

20世纪早期的美国正处于"进步时代"(the progressive era,1904—1917),针对19世纪后期经济飞速发展引发的各种问题,全社会展开了一场规模宏大的改革运动,社会思潮由此在整体上呈现出"激进"的品格。实用主义者杜威所倡导的以"民主教育"(democratic education)为核心的"进步教育"(progressive education)便是上述进步改革中的重要内容。这一教育理念吸引了诸多知识分子,如哈佛大学校长艾略特(Charles W. Eliot,1834—1926)率先推行的一系列教育改革即是"进步教育"运动的重要组成部分,自此"民主教育"理念在美国逐渐占据上风,与此前占统治地位的"自由教育"(liberal education)理念恰好构成了一对"反题"。人文主义者白璧德作为"自由教育"的坚决捍卫者,针对杜威的教育理念提出了严厉批评:二者的对立当然不仅表现为教育理念上的冲突,而且是在更广泛的意义上代表了"自由"原则与"平等"原则的对立,此即"新""老"自由主义的对立。在社会整体大环境下,杜威被老派自由主义者斥为"激进主义"的代表,而白璧德则被新自由主义者归入了"保守主义"的阵营。

自1915年秋天始,白璧德第一代中国学生陆续来到哈佛,后于20年代初将"白师"学说带回中国,以之为理论武器,对胡适等人领导的"新文化运动"大加批判,谱写了美国白(璧德)-杜(威)论争的中国翻版。只不过,20世纪20年代的中国,那个曾经无比尊崇传统的国度,已经以最大胆的姿态拥抱了自身的现代转型,杜威式的"激进主义"与来自法、俄的激进主义相比,最多只能归入"新文化运动"右翼阵营,而白璧德人文主义则顶风而上,与中国本土传统力量一起成了"顽固不化"的极端"保守主义"的典型。就这样,白璧德人文主义在美国与中国的特定历史时期屡屡发生奇特而有趣的"错位"现象,并"将错就错"在中国现代思想史上产生了重要的影响。

自白璧德人文主义首次译入中国(《白璧德中西人文教育谈》,载《学衡》1922年3月第3期)距今已百年。百年来光阴如流,时移世易,我国在现代转型期间未及充分吸收转化的思想资源,或将在当下焕发出新的可能与意义。白璧德的人文主义时至今日在我国仍然缺乏系统译介与研究,这与该学说在中国现代思想史上的影响殊不相称,不能不说是一种缺憾。职是之故,我们特推出《白璧德文集》(九卷本),这将是一座可资挖掘的富矿,宜在今后产生应有的影响。

迄今美国本土出版的白璧德著译作品共有九种(以出版时序排列):

1. *Literature and the American College: Essays in Defense of the Humanities* (1908)

2. *The New Laocoon: An Essay on the Confusion of the Arts* (1910)

3. *The Masters of Modern French Criticism* (1912)

4. *Rousseau and Romanticism* (1919)

5. *Democracy and Leadership* (1924)

6. *On Being Creative and Other Essays* (1932)

7. *The Dhammapada: Translated from the Pali with an Essay on Buddha and the Occident* (1936)

8. *Spanish Character and Other Essays* (1940;1995 年更名为 *Character and Culture: Essays on East and West* 再次发行)

9. *Irving Babbitt: Representative Writings* (1981;其所收录文章,除 "English and the Discipline of Ideas" 一篇外,均曾载于此前各书)

《白璧德文集》中文版在美国白氏现有出版书目基础上,重新编定了第九种,内容包括收于前八种之外的白氏全部已刊文稿四十二篇(以出版时序排列),主要分为以下四类:(1)曾以单行本刊出的 "Breakdown of Internationalism"、入选诸家合集的 "Genius and Taste" "Humanism: An Essay at Definition",以及收入 *Irving Babbitt: Representative Writings* 的 "English and the Discipline of Ideas" 等重头文章;(2)曾于"新文化运动"时期译入我国(因而于我们格外有意义)的篇目,如演讲稿"Humanistic Education in China and in the West"及书评"Milton or Wordsworth? —Review of *The Cycle of Modern Poetry*"等;(3)其余书评十九篇(包括匿名书评十篇——一个有趣的问题:白璧德为何要匿名?);(4)其他文章十七篇(包括介绍法国文学作品两篇,回应当代批评文章六篇,各类短文八则,以及生平自述一份)。编者依循前例,将这部著作命名为《人文主义的定义及其他》(*Humanism: An Essay at Definition, and Others*),此为真正意义上的白氏第九部著作。现在我们可以有把握地宣称,商务印书馆推出的"大师文集系列"之《白璧德文集》(九卷本),在文献收录与编纂方面,比美国本土版本还要更加完备,更为合理。为方便读者比照原文,我们标出了原书页码,并制作了九卷本名词索引附于末卷。

感谢商务印书馆倾力支持,白先生系列文集由此得以打造成型。这套文集也是中美几代人文学者长久友情结出的果实,感谢美国天主教大学荣休教授瑞恩先生(Claes G. Ryn,1943—)等美国当代"白派"(Babbittians)师友的无私襄助,尽管当他们最终看到《白璧德文集》中文版比美国版还要完备,心情亦颇复杂而嗟呀不已。

继起《学衡》诸公未竟之功,是编者耿耿不灭的夙愿。最要感谢的是我们十年合作、精勤不殆的译者群体,大家彼此扶助,相互砥砺,当年优秀的学生如今已成长为优秀的青年学者,投身文教事业,赓续人文香火——十年愿心,终成正果。我们谨以中文版《白璧德文集》(九卷本)纪念《学衡》杂志(1922年1月—1933年7月)创刊一百周年暨白璧德人文主义学说抵达中国一百周年,以此向百年前一腔孤勇、逆流而行的《学衡》诸公致敬,并向他们的老师——影响了中国几代学人的白璧德大师致以最深切的怀念之情。

张源

2022 年 1 月

存在着两种分立的法则
彼此无法调和，——
人的法则与事物的法则；
后者建起城池船舰，
但它肆行无度，
僭据了人的王座。

——爱默生

目　　录

译者序　新主义与老问题 ……………………………… 1

前言 ……………………………………………………… 20

第一章　什么是人文主义？ …………………………… 22
第二章　两种类型的人道主义者：培根与卢梭 ……… 45
第三章　大学与民主精神 ……………………………… 72
第四章　文学与大学 …………………………………… 82
第五章　文学与博士学位 ……………………………… 102
第六章　合理的古典研究 ……………………………… 121
第七章　古与今 ………………………………………… 141
第八章　论创新 ………………………………………… 162
第九章　学术的闲暇 …………………………………… 183

译名对照表 ……………………………………………… 194

译者序　新主义与老问题

　　与经世致用的大学问相比，如今文学研究委实被边缘化得厉害：在文化市场的精明买家看来，它多半属于"无害的苦功"（harmless drudgery）；而在某些学界同仁的心目中，它未必不是自欺欺人的花拳绣腿；甚至在文学研究内部，近乎"史"的文献整理和近乎"哲"的文艺理论在声势风光上似乎也更壮些，唯独"文"不尴不尬，难以着落。看来，文学确乎是没落了。

　　大雅不作，吾道何如？有感于此并欲有所作为，美国新人文主义大家欧文·白璧德于1908年结集出版了《文学与美国的大学》一书，这也是他出版的第一种著作。作为新人文主义的开山发轫之作，其重要性自不待言；更重要的是，书中所抨击的当时美国学术界的种种怪现象，与百年后中国大陆的情况极为相似——历史在恶的一面总是有着悲剧性的惊人相似之处！——因而也就分外对症切题。

一

　　19世纪初的美国文学研究界乃至整个学术界都深受德国的影响，强调"严格科学的研究方法"（strengwissenschaftliche Methode），但由于过分讲求认识的方法与工具而遗忘了认识的目的。这同时也导致了思想与学术的分离,"把文献考据和印象批评似是而非地混为一谈的人"大行其道,他们把一切都当成文献考据,无休无止地搜集材料,却无法从中提炼出永恒的人类价值。牺牲广博(breadth)来换取精确性与科学性,这个代价是不是太大了?白璧德对此毫不含糊地进行了批判:

> 今天我们所面临的风险在于,我们的心灵已经被沉重的信息资讯所湮没。对于这些信息,我们缺乏内在活力与反思能力来为我所用,并转化为有机的营养成分。我们必须警惕那些不过是信息搜集者的人,不能让他们不恰当地占据平衡处理知识与反思关系者的上风。比方说,假如我们认为,检验专业水平的唯一尺度,就是学究们在大量繁琐研究中表现出来的对古典作品的熟悉程度,那么我们就赋予了学究式研究与其不相符的价值。这意味着抬高了那种消极被动的理智补给工作,对于当代学术研究来说极其有害。它鼓励人们放弃一切原生的、自发的思考,从而仅在某一小块知识领域成为他人观点的记录员或仓库。那些情愿把自己的心灵降低到纯粹机械功能的人常常因此可能熟练掌握材料,并对那些更广泛地运用知识的人作威作福……①

毋庸讳言,学习的目的是消化知识而不是积累知识;文学研究在考据

---

① 参见本书边码第162—163页。

整理之外还有另外的工作要做。白璧德认为，历史感构成了文明人和野蛮人的区别，因此首先要做的事情就是认真研读古代经典。优秀的古典文学作品总是诉诸我们的更高理性与想象，形式最为纯粹的古典精神服务于更高的理性，它把我们引向类似于宗教的目的，与"深藏我们自身之中的、与天地同体唯一真实自我"紧密地结合在了一起。

在这个意义上讲，重视个体感受与印象的现代文学永远不可能真正取代古代经典的位置。不过古典文学也必须和现代生活具有更加广泛的联系，其关键即在于处理好古今关系。如此，古典注目现代就不会变得枯燥板滞，现代依托古典则能避免浅薄浇漓之弊。复兴健全文学的希望在于把古今对抗所割裂的人文传统结合起来；无论是好古者还是崇今者，他们都面临着共同的敌人——纯粹的实用主义者与极端科学主义者，因此他们必须停止争执，精诚合作；只有这样，工具化、技术化的学术研究才有可能得到拯救。

不过，这里所谈到的人文传统并非旧人文主义传统。在白璧德看来，旧人文主义有时会诱发玩乐主义的生活态度，让学者们蜷缩在象牙塔中把玩故纸而心满意足。因此古典文学作品要注入新的生命和兴趣，就不可能指望通过重振旧人文主义来完成，而是要在研究古典作品时更广泛地应用比较和历史的方法，把它们作为古代与现代世界一脉相承的发展链条上的环节，以更加广阔、有机的方式将它们与当代生活联系起来。所谓"历史的方法"，其实是学术研究共有的基本的方法，因此"新"人文主义之为"新"，很大程度上即体现在"比较的方法"之

中。白璧德举例说明了如何运用"比较的方法":

> 以维吉尔为例,要研究他不仅需要熟悉古典时期的"维吉尔",也需要熟悉后来的那个"维吉尔"——诱导中世纪想象的那个魔幻"维吉尔"、作为但丁向导的那个"维吉尔"等等——乃至丁尼生的美妙颂歌。如果他研究的是亚里士多德,他就应当能够展示亚氏通过拉丁文传统或间接通过阿维罗伊等阿拉伯学者对中世纪和现代欧洲思想所产生的巨大影响;如果他研究的作家是欧里庇得斯,那么他应该知道欧氏在哪些方面影响了现代的欧洲戏剧,并且有能力对欧里庇得斯的《希波吕托斯》与拉辛的《菲德拉》之间的异同作出比较。如果他研究的内容是斯多葛思想,那么他应该能用斯多葛派的"完善"理想来对照圣波拿文都拉和圣托马斯·阿奎那等作家所赞美的基督教的"完美生活"理想。在关注迄今所有研究成果的同时,他也不能忽略用希腊文和拉丁文撰写的教父文学名篇,因为这些著作表明了古代思想是通过何种方式过渡为中世纪思想与现代思想的。①

需要注意的是,"比较的方法"虽然为新人文主义所首倡,但如果它背离了人文主义的精神与标准,比较研究就会变得浮泛无聊。以文学研究为例,彼特拉克与文艺复兴时期十四行诗诗人的渊源关系固然有趣,但他们如何共同与"恒常的人类心灵"发生联系才是更重要的问题;反

---

① 参见本书边码第168—169页。

过来说，如果不亲熟原典便去研究个体作家或国别文学之间的源流影响，那么比较文学必然会产生毒害作用。方法是外在的，人文精神才是问题的本质与核心。

一方面，如上文所说，过分强调"严格科学的研究方法"导致了思想与学术的分离；另一方面，随着专业分工的不断细化、深入，"前人之述备矣"，于是有些学者为了出奇制胜，不惜数典忘祖、标新立异，而美之名曰"创新"。对此白璧德作了深刻的剖析，认为"情感自然主义"和"科学自然主义"、卢梭主义者-培根主义者互为表里、沆瀣一气而导致了这一现象：

> 迄今为止，我们几乎完全是在讨论卢梭主义者或情感自然主义者所说的原创性，但我们也不应忽略情感自然主义与科学自然主义之间几点有趣的联系。培根主义者很少关注对古代智慧的吸收，他的目标毋宁说是促进知识的发展。他首先所强调的也是新的、创新的事物。以前人们曾经学究气十足地研究权威和法令，而卢梭主义者与培根主义者合作的结果，便是导致了关于原创性的真正学究式研究。学究式的科学家完全被自己那点儿研究内容所吸引，他和完全沉浸在自身情感中的学究式文学家和艺术家是最亲密的兄弟。现代学术界的主角不是人文主义者，而是进行调查研究的人。一个人从发霉的档案中挖掘出一篇未经发表的文献，那么他的地位就会高于有能力明智处置出版文献的人。如果他能以新发现的文献为由写一本书或试图进行翻案，那他就更加光荣

了。对真理的热爱不知不觉地蜕变为对矛盾修辞的热爱,而且这同一个人往往既是卢梭主义者又是培根主义者。①

古典主义者常常为创造"典型"而丧失一切个人风格,并以"典型"为名扼杀原创性,而现代作家则大多孜孜于标榜自我,刻意哗众取宠以达到耸听回视的剧场效果,认为只有这样才能体现自己的原创性并超越古人。这两种极端做法都不足以达到人文的要求。事实上,人文标准并不排斥原创性,而是会帮助区分什么是真正的创新,什么又只是浅妄的标新立异。温故而知新;或者如黑格尔所说的,"精神运动"通过"回忆"保存"经验"而迈向更高阶段的"实体"形式②。

在这一点上(正如在处理古今关系、对待经典研究等问题上一样),大学发挥着举足轻重的作用。白璧德认为大学的主要目标不是鼓励人们常常所说的创新和独立思想,大学教育也不应该通过炫耀学识来追求创新,而是应当体现出"民族生活中的保守与团结的因素"。在此他特别强调了文理学院(college,即本书所说的"大学")的作用,认为它不同于综合性大学(university)或预科学校,区别即在于,文理学院应当格外捍卫人文主义传统与标准。

本来,大学——无论是文理学院还是综合性大学——的最大作用,是营造闲暇与反思的氛围来反抗"能量崇拜"(the worship of energy)以及行动的狂热,但当时流行的生活观念拒斥闲暇,认为人是用来达到外

---

① 参见本书边码第233—234页。
② 黑格尔:《精神现象学》第8章第3节,贺麟等译,商务印书馆,1979年,下卷第274页。

在目的的工具而非自身之目的。① 于是我们看到,满负荷甚至超负荷运转地工作在大学中得到嘉许褒奖,多出、快出成果成为评估学者研究水平的首要指标。白璧德认为这将使生活,特别是精神生活,退化到狂热追求机械效率的地步,学者们将变得心浮气躁而无法沉潜研究真正的学问。归根结底,大学应当为生活中"最后的安静元素"留出足够的空间,在"东方的寂静主义思想"与"西方式的勤勉"、"纯粹的行动"与"纯粹的休息"之间保持均衡,这样才能实现"无为而有为"(activity in repose)的人文理想,不至于在凯歌高奏的"进步"假象中返回野蛮状态。

我们发现,书中讨论的各项问题最终均结穴于人文主义。那么,白璧德心目中的人文主义究竟是怎样的呢?简言之,这就是"一"与"多"的统一,即在同情与规束-选择之间采取中道、协调自身相反美德的能力。在此我想不妨再补充几句:人文主义意味着对永恒(如康德所谓"在我之上的星空和居我心中的道德法则"的天道人心)的信慕、对当

---

① 无独有偶,与白璧德同时代的马克斯·韦伯(1864—1920)在《新教伦理与资本主义精神》(1904—1905)一书中也提出了类似的观点:宗教改革之后,"在生活中,一个人是为了他的事业才生存,而不是为了他的生存才经营事业",因为新教伦理的"职业"概念肯定了人们的日常生活,"有组织地从事一项职业的世俗劳动受到越来越高的道德重视",甚至成为个人道德活动的最高形式。(《新教伦理与资本主义精神》,于晓等译,生活·读书·新知三联书店,1987年,第51、61、59页。)此处关于新教伦理与资本主义精神关系的因果论述似乎存在着某种循环论证,但这不是本文的任务,我只想就一处细节来纠正以上说法,即西方远在宗教改革之前便存在着白璧德所说的"勤勉"传统,如古希腊诗人赫西俄德在《工作与时日》中宣扬"劳动光荣,懒惰可耻"(L. 310)。在这个意义上讲,白璧德把"工业民主国家往往只以工作为乐"这一现象归咎于培根主义者对古希腊"闲暇"观的颠覆,似乎有欠公允,至少也是不大全面的。

下的沉着关怀,以及——这可能也是最重要的——担当的愿力。

二

以本书作借镜,或许能够更好地反观我国学术传统中的一些类似问题。

白璧德在批判"学究式研究"时指出:"信息搜集者"与"平衡处理知识与反思关系者"之间的论战源于分析思维与综合思维之间的对立——

> 在注重本然事实的人与注重一般规律的人之间,在具有冷冰冰的理智的人与具有思想和想象力的人之间,向来存在着一种发自本能的反感。贯穿整个人类历史,我们都能发现这种把心灵划分为两大阵营的仇恨情绪。①

确实,这种学术斗争"贯穿了整个人类历史"。例如,它们曾在中世纪以"实在论者"和"唯名论者"的面目出现而彼此争锋论战。中国本土主流学术传统也未能避免这一命运,如汉学与宋学、考据派与义理派的对立,便是最为突出显著的例子。

早在孔子时代,儒家内部已有"文章"与"性与天道"(《论语·公冶长》)的分流、"文质"之辨、"君子儒"与"小人儒"之别(《论语·雍也》),以及"德行""言语""政事""文学"的分科(《论语·先进》)。尔后"儒分

---

① 参见本书边码第164页。

为八"(《庄子·天下》《韩非子·显学》),儒学朴散,成为事实上的思想与学术主流。秦火之后,两汉经学出现今古文两歧对峙的局面。虽然古文汉学在新莽时期才正式登场,但此前已经出现对"文义训诂"与"通经致用"的不同侧重,而且后者对前者的批判贯穿了此后的整个经学传统。

《公羊》(今文学)大师董仲舒以《春秋》为帝王书,所谓"有国家者不可不学《春秋》"(《春秋繁露·俞序第十七》),认为"圣人所欲说,在于说仁义而理之……。不然,传于众辞,观于众物,说不急之言,而以惑后进者,君子之所甚恶也"(《春秋繁露·重政第十三》)。与刘歆同时并目睹了古文经学出台的扬雄更进一步质疑"何五经之支离"(《法言·五百卷第八》),认为多闻见未必至乎道(《法言·寡见卷第七》)。在政治话语的威压之下,学术并无独立性可言,而这反过来又造成了学术尊严与学者独立人格的剥落丧失。

东汉政权积极折中今古文,于是有《白虎通》一书。记录人班固沿用了董仲舒以"觉"训"学"的定义,强调"学以治性""知义"(《白虎通卷六·辟雍》),学术研究的方向进一步偏向"义理"方面。东汉末年王符认为"经典"传达"圣心"(《潜夫论·赞学第一》)就是这种观点的延续,但是他把客观的"义理"换成了主观的"圣心"。我认为这一转换耐人寻味,从中可以窥见后世宋明理学,特别是心学兴起的消息[①]。此

[①] 这种观点似乎还可以继续上溯到大约成书于秦汉之间的《文子》(此书曾被视为伪书,但1973年河北定县40号汉墓出土的竹简中已有《文子》,故其非伪可知)。其卷二《精诚篇》借文子(竹简本作老子)之口说"三皇五帝三王,殊事而同心,……末世之学者,不知道之所体一,德之所总要","虽博学多闻,不免于乱"。从中我们似乎可以看出《尚书·虞书》与《庄子》的影响。

后，重义理、轻考据逐渐成为学术的主流精神。隋末王通（文中子）"学必贯乎道"（《中说·天地篇》）的观点，便是这一时代精神的体现。

这一精神由宋代学者发扬光大而出现了怀疑、批判汉学的"宋学"。异族政权的强势存在迫使宋儒强调自身文化的合法性与纯洁性（如"道统"一类的提法），但之后他们的思考渐趋高远而在一定程度上成为独立自足的学术研究。笼统说来，宋学包括理学与心学两派。理学宗师程颐（伊川）强调"学经"所以"知道"，"学者当先识道之大本"（《二程遗书·伊川先生语四》），否则"诵其言辞、解其训诂而不及道，乃无用之糟粕尔"。为此他区分了"三学"与"三弊"：

> 古之学者一，今之学者三，异端不与焉。一曰文章之学，二曰训诂之学，三曰儒者之学。欲趋道，舍儒者之学不可。
>
> 今之学者有三弊：一溺于文章，二牵于训诂，三惑于异端。苟无此三者，则将何归？必趋于道矣。（《二程遗书·伊川先生语四》）

在他看来，"儒者之学"属于"德性之知"，该种知识不假闻见而有异于"闻见之知"（《二程遗书·伊川先生语十一》）。本来，张载亦有"闻见之知""德性之知"（《正蒙·大心篇》）的知识分类，但他强调的还是两类知识各有畛域，互不交涉，而伊川的说法却隐含着"德性之知"高于"闻见之知"、"闻见之知"本乎"德性之知"的价值取向。这一价值判断在当时及后世均产生了深远的影响，如南宋的"道问学"与"尊德性"之争、清代的"义理"与"考据"之争即与之一脉相承。

在此基础上,理学大师朱熹进一步区分了"小学"与"大学"。他认为"小学是学其事,大学是穷其理",并针对科举制度而重申"为己之学"的学统,指出"不先就切身处理会得道理,便教考究得些礼文制度,又干自家身己甚事!"(《朱子语类》卷第七)不过朱子本人的经学功底相当深湛,而且重视"格物"(研究客观之"理",如他探讨极昼夜现象、化石原理等等),因此他的学术虽有侧重但无偏废,在宋儒中属于兼综超胜汉宋之学的罕例。

陆(象山)王(阳明)"心学"虽然对朱子一脉的"理学"多有批判,但在反对"汉学"这一点上,他们是相当一致的(尽管以后世的眼光来看,陆王心学更偏"宋"而朱学偏"汉")。如陆象山认为"学苟知道,六经皆我注脚",而"知道"不外乎"尊德性","不知尊德性,焉有所谓道问学?"(《象山语录·上》)在他看来,朱熹讲求"格物",与汉儒一样犯了"外求"和"支离"的大病,并在鹅湖之会上自信地预言"简易工夫终久大,支离事业竟浮沉"。

到了王阳明,他更是变本加厉地把一般意义上的认识方法与目的几乎完全对立起来了(尽管照他本人说来,"工夫"与"本体"这二者反倒是打成一片的):

> 不务去天理上着工夫,徒弊精竭力,从册子上钻研、名物上考索、形迹上比拟,知识愈广而人欲愈滋,才力愈多而天理愈蔽。(《阳明传习录·上》)

王学末流的极端做法带来了空疏狂放的流弊,这为清代理学凋敝、朴学兴起伏下了远因。但此外还存在着深刻的社会原因。清军入关后,遗民学者希望通过"正名"的方式来实现救亡(政权)图存(汉族文化)的目的,这为"回归"汉学、反拨宋学提供了直接契机,于是学术风气一变而出现了所谓"朴学"。在此我们不难发现历史的反讽或曰精神的辩证法:宋儒的忧患意识造就了宋学,宋学反过来促进了学术的独立发展,而学术的自由又导致思想("议论")的"失重",于是引发了新一轮的变革。——精神是一贯的,但是表现为彼此矛盾、前后否定的形式与路向,相反而适相成;宋学之针砭汉学如此,清学之矫治宋学亦复如此。

"朴学"一词出现于《汉书·儒林传》,意谓质朴之学;南宋时陆象山亦把"朴实"与"议论"视为相互对立的两种学问途径,并以前者自居而睥睨朱子之"伪学"。有趣的是,清初大儒顾炎武恰是通过反思、批判陆王之学而引领了朴学研究风气之先。他认为"夫仁与礼未有不学问而能明者也"(《日知录》卷七"求其放心"条),而"今之君子"好高骛远,"专用心于内"而"陷于禅学"(卷七"夫子之言性与天道"条、卷十八"内典""心学"条),因此导致了"清谈误国"的悲剧:

> 昔之清谈谈老庄,今之清谈谈孔孟,未得其精而已遗其粗,未究其本而先辞其末。不习六艺之文,不考百王之典,不综当代之务,举夫子论学、论政之大端一切不问,而曰"一贯",曰"无言",以明心见性之空言,代修己治人之实学。股肱惰而万事荒,爪牙亡而四国乱,神州荡覆,宗社丘墟。(卷七"夫子之言性与天道"条)

如果说顾炎武的批判对象主要集中在陆王心学,那么比他小廿二岁的颜元(习斋)则是一举否定以朱陆为代表的整个宋学传统,锋芒直透汉学传统。在他看来,宋儒"不作费力事"(《习斋四存编·存学编》卷二《性理评》)、"畏难而苟安"(卷四《性理评》),于是"舍古人六府、六艺之学而高谈性命"(《存性编》卷一《性理评》)。颜元不无偏激地认为"实行"才是学问的真义,因此"诵读、训诂、主静、致良知之学"统统有悖于"孔门之道"而无益于国计民生。与顾炎武相比,颜元并没有多少亡国之痛与遗老情结,但实用主义的社会关怀则暗合如契。他们其实是重提了这样一个老问题:学术是否应当-应当如何参与社会?汉儒与宋儒无疑都在倾力思考这个问题,但他们的答案却因时势、世事之不同而南辕北辙。

在清初的文化高压政策之下,朴学走向了纯学术的发展道路,于是汉宋之争重新杀回——确切地说,是退守——学术内部。不过这种"为学术而学术"的路数也不是没有好处,至少清儒得以从学理层面对宋学进行"真的驳斥"①。如戴震在《孟子字义疏证》中对"理""天道""性""才""道""仁义礼智""诚""权"等基本概念作了正本清源的考订,力图证明宋儒对原典的误读。戴震的观点是对当时学风规范的一个冲击和提升;耐人寻味的是,在综合义理、考据方面,戴震倒是可以称为朱子的私淑弟子和异代知音——尽管他是作为批判者而出现的。

---

① 这是黑格尔的术语。他认为用对立的原则批判一个原则属于自说自话的"外在驳斥",而"真的驳斥必须在对手强有力的范围内和他角力较量",即"以彼之矛,攻彼之盾",找出对手自身的矛盾而让他自己取消自己(《大逻辑》第二部第三编前言,杨一之译,商务印书馆,1976年,下卷第244页)。

继而章学诚又对戴震进行了反击。首先,他认为"今日学者风气,征实太多,发挥太少"(《文史通义》卷九外篇三《与汪龙庄书》),因此宋学固多流弊,但"今日之患,又坐宋学之太不讲也"(同前,《家书五》)。其次,章氏指出"同一门户而陆王有伪,朱无伪者","朱子之流别优于陆王"(卷二内篇二《朱陆》),因此他以少有的激烈态度批评戴震"妄矜独断",不能知人论世(同前,《书〈朱陆〉篇后》)。

戴章二氏在综合"义理"与"考据"方面都达到了相当的高度,基本体现了汉宋之争的最高水准。其中章学诚的观点似乎更加深刻、绵密和周全,可以说对传统学术思想进行了一次总结。就此意义而言,他的思想为我们反证、"对治"(熊十力语)今天讨论的"如何平衡处理知识与反思关系"这个问题提供了上佳的支点与参照系。

三

清儒认为汉学优于宋学,但汉学分为今古文,二者孰优孰劣?对此,汉末学者荀悦有过一段精彩的评论:

> 古今文不同,而皆自谓真本经。古今先师,义一而已,异家别说不同,而皆自谓古今。……秦之灭学也,书藏于屋壁,义绝于朝野。逮至汉兴,收撽散滞,固已无全学矣。(《申鉴》卷二《时事第二》)

原来,无论古文经学还是今文经学,都已经不是"真本"和"全学";它们都是对原典、原义的阐释,而一切阐释都有可能是误读!或以为汉儒去古未远故其说尽是,但他们都有篡改经典的不良记录;仅就此节而言,今文家与古文家其实是一丘之貉。

至于汉学与宋学之优劣,这个问题就不那么容易判定了。我们知道,汉学并不是十分纯粹的学术,汉儒往往牺牲学术来迎合政治的需要(例如鼓吹孔子作六经是"为汉立法")。这一点宋儒看得很清楚,如宋代学者王应麟便认为"饰经文奸以覆邦家,汉儒之罪大矣"(《困学纪闻》卷五"礼记"条)。不过宋儒乃至清儒也未能避免汉儒的困境。近代新理学大家熊十力认为,汉儒"假托孔子以护帝制,不独诸子百家并废,而儒学亦变其质,绝其传矣"(《原儒》),但是宋儒对汉儒的天人感应、阴阳五行思想照样津津乐道,而清儒更是实行鸵鸟政策的"奴化之汉学家";照他这样一说,汉学宋学清学之末流都背离了刚健特立的儒家真髓,无非是些"奴儒"而已(《中国学术思想的自立之道》)。熊氏的观点过于偏激,但他点出的"学术应独立于政治"这个问题却值得我们认真反思。

诚然,学术与社会-政治密不可分(逃避政治也是一种社会-政治态度),干脆说学术就是面向政治生活而展开的。所谓"道不远人",学术的"人文性"即体现于此;问题是,学术(或学者)该当以何种方式介入"世界"呢?不解决这个问题,则汉宋之争、义理与训诂之争,以及白璧德所说的"古今之争""知识与反思的平衡"也就无从谈起。

在此我们不妨重温章学诚的学术思想。章氏承认"学问固期于经世也"(《文史通义》卷四内篇四《说林》),但这并不是说学者就应当曲学徇世,成为学术弄潮儿,而是"辟风气"(卷六内篇六《天喻》),"持世而救偏"(卷二内篇二《原学下》及卷七外篇一《〈淮南子洪保〉辨》),即学术"当视世所忽者而施挽救焉"(卷九外篇三《答沈枫墀论学》)。这样看来,学者必然是以"爱护的批判者"这一姿态间接介入当下的。

学术(学者)与社会-政治的关系问题已经解决,现在便可以进一步来考察上面提出的学理悖论了。学术既然是面对实事-真问题而求其所是与当是的工作,因此也就无所谓古今、汉宋、义理考据的对立了。用章学诚的话来说,就是"文求其是耳,岂有古与时哉"(卷九外篇三《与史余村简》),因此他主张"学者不可无宗主,而必不可有门户"(卷二内篇二《浙东学术》),并以此为基础提出了"高明者多独断之学,沉潜者尚考索之功"(卷四内篇四《答客问中》)的精彩论断和著名的"学术三门说":

> 夫考订、辞章、义理虽曰三门,而大要有二:学与文也。……夫文非学不立,学非文不行。(《答沈枫墀论学》)

同时"学"与"文"又呈现为"体"和"用"的关系:

> 君子苟有志于学,则必求当代典章,以切于人伦日用;必求官司掌故,而通于经术精微;则学为实事,而文非空言,所谓有体必有用也。(卷五内篇五《史释》)

可见，前面所说的矛盾和对立，在章学诚那里均转成了和谐的统一。另如"小学为经术渊源"（卷九外篇三《报谢文学》）、小学与经学实为一体（同前，《答大儿贻选问》）以及"陆王之攻朱，足以相成而不足以相病"（卷二内篇二《朱陆》）等观点也都表明了这一点。

不过，这里所说的仅是一种理想的"应当"，而世事恒有偏弊，因此学术在介入具体的文化现场时也必然有所侧重。也就是说，"人文精神"的概念中需要引入"时"的维度。那么，问题便产生了：我们现在处于什么样的时代呢？这个时代需要什么样的人文精神？相信《文学与美国的大学》的读者都会产生类似的问题意识。事实上，对于中国读者而言，本书的意义也正在此，否则本书实在不看也罢，或者说看了也等于白看。

中国近现代的文化发展很像一场轰轰烈烈的"革命狂欢节"，五四时期的文学革命与新文化运动便是其中最具戏剧性的一幕。在这场文化大转型中，白话与革命、创新、进步作为正面价值观念取得了对文言-保守-传统的绝对优势，事实上在破坏旧偶像的同时自身又成为新的偶像，不自觉地异化为其所代表的"反传统""反权威"的自由精神的对立面——"文化大革命"就是这场狂欢的卒章之"乱"。在这个意义上讲，我们同样经历了一场白璧德所谓的卢梭（浪漫）主义运动。

不过，五四-新文化运动也是乾嘉学术传统的延续（在此意义上讲，新文化运动是"历史合力"的结果），其中不仅有破坏与颠覆，也有整理与建构。1949年以后，中国文化几乎完全"格式化"了一遍：真正的断裂产生了。20世纪80年代末,中国的人文环境又发生了新的重大变化,好在时代大潮不可抗拒,"万马齐喑"的局面并没有维持多久。近些年来,中国学术不幸又受到西方,特别是美国知识产业化甚至商业化的影响,学术研究在许多人那里变成类似攒机或信息出纳的营生,像白璧德所讽刺的以"簿记"为学、大钻牛角尖的"文秘"式研究者,在我们这里似乎并不难找到同道知音。

诚然,"俯仰胡桃内,而为太玄王"(be bounded into a nutshell and count oneself as a king of infinite space)兴许是别有隐衷,出于不得已(如文字狱之于乾嘉朴学),有些人甚且还能从中发现莫大的乐趣,但这种"自了汉"式的学术研究恐怕并无多少人文价值可言。更重要的是,思想的本质是精神的独立和自由,而自由的思想往往与权威、规范、制度乃至政权发生冲突。于是我们看到,为了维护政权,特别是合法性受到质疑的政权,统治者除了采用正面压制自由思想(例如焚书、宗教法庭、反右)的刚性手段,还会别有用心地提倡复古(如提出"回归传统"之类似是而非的口号)与技术型的学者(如中世纪的经院哲学家),为自己培养听话的"好学生"和国家机器的螺丝钉。在极端情形下,正如历史所昭示我们的,故纸研究有可能扼杀自由思想——这,绝不是危言耸听。

毋庸讳言,我们现在可以说仍处于思想匮乏的时代;我们仍然需要思想(当然是指真正的思想)。我们当然也需要经验、材料和知识的积累,这是"学问"的基础;但没有真问题就没有真学问,而连通"问题"与"学问"的正是思想而非其他。且听黑格尔是怎么说的:"人之所以比禽兽高尚的地方,在于他有思想。由此看来,人的一切文化之所以是人的文化,乃是由于思想在里面活动并曾经活动。"针对当时的哲学史多是"对于一大堆在时间中产生和表现出来的哲学意见的罗列和陈设",黑格尔高声棒喝:"还有什么东西能够比学习一系列的单纯意见更为无用的吗?"在他看来,缺乏精神和思想贯注的哲学史无异于"死人的王国"。① 这番话是黑格尔在一百八十多年前就当时德国哲学研究而发的感慨,但完全可以视为对整个人文学术的提撕警示,今天读来仍不乏现实针对性。

古人老早就感叹"诲尔谆谆,听我藐藐"(《诗·大雅·抑》),黑格尔也说过,人类从历史中学到的全部东西是"我们不曾从中学到什么"(《历史哲学·绪论》)。是耶非耶,人类历史还太短,我们最好还是悬搁判断吧。但至少有一点是可以肯定的:如果不幸真是这样,那么荒诞的生命就更需要人文精神的照临与护持了。

张沛

2003 年 9 月

于北大中关园

---

① 黑格尔:《哲学史讲演录》前言,贺麟等译,商务印书馆,1959 年,第一卷第 16—17、20—21 页。

前　　言

　　本书中将近一半的内容已在别处出版。《合理的古典研究》《文学与大学》以及《论创新》诸篇都曾在《大西洋月刊》(*Atlantic Monthly*)刊出,本书只有极少的改动。《文学与博士学位》是由《国家》(*Nation*)中刊出的两篇文章结合而成,并添加了许多新材料。《古与今》和《学术的闲暇》取自《哈佛毕业生》(*Harvard Graduates*)杂志的两篇文章。感谢上述出版单位允许我再版。

　　在这些文章里,我常常不得不涉及一些敏感话题,因此可能会冒犯某些读者。至少我要言明一点:我的目的始终都是界定各种类型与趋势,而非对个人加以讽刺甚或贴标签。给个人贴标签向来不易,在今天就更是如此。一个高度统一的时代可能会展现出高度统一的人格,而今天在个人内心里有可能存在着各种趋势的纷乱斗争,正如我们在外界所看到的一样。我想说的是,并不是我们当代的学者缺乏人文特性,而是以这些特性为主的学者少而又少(*rari nantes in gurgite vasto*①)。

　　我还想提醒读者的是,受讨论主题所限,我对过去以及当今某些显

---

　　① 出自《埃涅阿斯纪》1.118:"(船难后)人们散在各处,浮游于大渊之上。"(本书脚注如无特别注明者,均为译者注)

要人物的处理无法面面俱到。比如在谈到大学教育的时候,我必然会论及艾略特①校长在此所起到的作用,可是,对于一个在如此众多的方面影响了自身所处时代的人,我必然无法给出一个全面的评价。

我谨借此机会向查尔斯·艾略特·诺顿(Charles Eliot Norton)教授深表谢忱。在上一代人中,那些有感于我们需要一种更有人文品质的学术(a more humane scholarship)的人都曾深蒙其惠:他给了许多人直接的帮助与鼓励,并给了所有人一个榜样。此外,担任纽约《晚报》(*Evening Post*)与《国家》文学编辑的保罗·穆尔(Paul E. More)先生曾阅读了本书部分手稿,在此对他提出的诸多批评与建议表示感谢。

欧文·白璧德

新罕布什尔州 霍尔德内斯

1907 年 12 月

---

① 艾略特(Charles William Eliot,1834—1926),美国教育家,公共事务领导人,1869—1909 年间任哈佛大学校长,认为健全的通才教育计划必须给予自然科学和人文科学相同的地位,并提出选修课程理论,削减了必修科目。

第一章　什么是人文主义？

不久前，我国一位联邦法官说，美国人需要的是百分之十的思想，以及百分之九十的行动。如果真是那样，我们都应该感到高兴，因为他说的我们早已做到了。这令我们回忆起近来有一位批判苏格拉底的古希腊哲学史家提出了一种颇为不同的观点。据他看来，苏格拉底过分夸大了人性中的理性，因为苏格拉底似乎是说，有了正确的思想，正确的行为才有望随之而来。就此而言，英美人的心性几乎与苏格拉底式的气质完全相反——努力行动成了我们的信条，正确的思考就让它自生自灭去吧。我们觉得只要自己获得了实际的功效，那么在理论上"混沌"一些也无妨。

这种对思想的清晰性与连贯性的相对漠视甚至体现在了教育上，而教育本是我们国家首要关注的对象。美国人对教育的好处矢信不移，但对于什么样的教育能带来好处却观念模糊。人们几乎没有考虑过，在过去三十多年或更久的时间里，我们给教育界带来了多大的混乱：我们愿意把那么多的时间、精力和热情投入教育事业当中，投入图书馆、实验室和大笔捐赠中去，却没有想过雷诺兹爵士①的话:"无数设备的投入和诸多研究工作的匆忙开展,很可能会导致我们逃避与忽视真正的劳动,此即思想的劳动。"正如俗谚所说,我们生活的节奏太快,快到了没有时间思考的地步。组织运作一个庞大而复杂的教育机器令我们无暇进行平静的反思;显然,少一些迫不及待的行动,多一些苏格拉底式的精神,并无害处。然而,如果我们打算阐明教育的观念,我们就需要对之作出精确的定义,这一要求可能从一开始就会掣住我们的手脚,正如苏格拉底在处理他那个年代的问题时一样。实际上,"苏格拉底的方法"本质上就是一种正确定义的过程。这一方法划分、细分并区别了潜藏在词语内部不同的、有时是对立的概念;简单地说,它代表了一种永恒的对抗,即对抗随意使用通用术语——特别是在这些术语变成了流行话语的情况下——所产生的混淆。如果苏格拉底生活在今天,我们可以想见他将如何对我们当中的某些人(其中有不少是大学校长)——那些滔滔放言,大谈自由、进步、民主、服务之类陈词滥调的人士——进行"反复诘问"(cross-examining),而他的这番苦心无疑会令他受到大家的非难,人们会把他视为人民公敌,一如他的雅典同胞所做的那样。

现在有一个术语,可以很好地说明通用术语会产生的混淆。就我们目前的讨论而言,这个术语或许比其他术语都更加重要。如果我们想讨论人文主义(humanism),却对"人文主义"这个词不加解释,那就会引起无穷无尽的误解。现在空想社会主义者和最新哲学潮流的代表

---

① 雷诺兹爵士(Sir Joshua Reynolds,1723—1792),英国肖像画家、艺术理论家,创建皇家美术院(1768)并任院长,主要画作有《约翰逊博士像》等,著作有《艺术演讲录》。

人物都在大谈人文主义。在目前这样一个幸福的自由时代,几乎任何人都可以随心所欲地使用任何术语,因此人文主义这个还会令人们产生某些高尚联想的词语,似乎必然会遭到各种理论家们的盗用——他们显然希望通过运用这一术语而使另外一套完全不同的思想获益。比如牛津哲学家、据称是人文主义者(humanist)的席勒①先生便借着人文主义的名义,扬言要"在天上行奇异之举"。勒南②则认为,未来的宗教将是一种"真正的人文主义"。至于那些将对于未来的观念描述成"人文主义"或"新人文主义"的乌托邦主义者,就更是多得不胜枚举了。格莱斯顿③论述过奥古斯特·孔德④的人文主义,赫福德(Herford)教授论述过卢梭⑤的人文主义,一般德国大众也都谈论过赫尔德⑥的人文主义;然而孔德、卢梭与赫尔德这三个人却并不是人文主义者,而是人道主义的狂热之徒(humanitarian enthusiasts)。另一方面,某著名尔

---

① 席勒(F. C. S. Schiller, 1864—1937),英国哲学家,实用主义者,他的思想通常被称作"人文主义",但与白璧德的人文主义完全不同。主要哲学著作有《人文主义》《应用逻辑》。

② 勒南(Ernest Renan, 1823—1892),法国哲学家、历史学家,以历史观点研究宗教,著有《基督教起源史》等,尤以该书第一卷《耶稣传》最为著名。

③ 格莱斯顿(William Ewart Gladstone, 1809—1898),英国自由党领袖,曾四次任首相,著有《荷马和荷马时代研究》等。

④ 孔德(Auguste Comte, 1798—1857),法国哲学家,实证主义和社会学创始人,主要著作有《实证哲学教程》《实证政治体系》等。

⑤ 卢梭(Jean-Jacques Rousseau, 1712—1778),法国思想家、文学家,其思想和著作对法国大革命和19世纪欧洲浪漫主义文学产生了巨大影响,著作有《社会契约论》、小说《爱弥儿》和自传《忏悔录》等。

⑥ 赫尔德(Johann Gottfried von Herder, 1744—1803),德国思想家、作家,狂飙突进运动的先驱,其著作以总体主义、民主主义和历史主义为基本思想,主要有《诗歌中各族人民的声音》等。

志所哀叹的哈佛"人道主义精神"的泯灭,无疑指的是人文主义精神的丧失。显然,我们不仅需要对人文主义进行有效的定义,也需要对与"人文主义"一词相关或容易混同的词语——人文的(humane)、人文主义的(humanistic)、人道主义的(humanitarian)和人道主义(humanitarianism)——进行定义。如果我们能够成功地定义这些词,将有助于我们进一步给出另一个必要的定义,即关于大学(college)①的定义。要讨论文学在大学中的地位,我们首先需要讨论这样一个问题:是否有任何大学能让文学在其中占有一席之地?让大学陷入这一困境的,与其说是那些声称是它敌人的人,不如说是那些自命为其朋友的人。在这种情况下,我们的祈望就如同古希腊英雄埃阿斯(Ajax)那样,唯愿在光明中作战。

一

我们所要做的第一步追问工作,看来便是要回溯到拉丁词语 *humanus*(人的)、*humanitas*(人性)那里去,因为目前要研究的那些词汇都源于这些拉丁词语。我们所需要的材料大都可以在加斯顿·博西埃(M. Gaston Boissier)最近关于 *humanitas* 一词的出色研究中找到。博西埃在论文中指出,*humanitas* 一词最初是指罗马人的一种颇具弹性的德

---

① 本书中 college 一词的用法分为两种情况:一指一般意义上的"大学",即追求规模大而科目全的综合性大学(university);一指相对于那种大学而言的小而专精的学院(college)。白璧德曾在书中特别强调了 college 与 university 的区别。为减少混淆,college 一词在本书中一般译作"大学",有时在强调其规模之小时译作"小型学院";university 一词则大多译作"综合性大学"。

性(elastic virtue),后来这个词的使用范围日渐宽泛,到了后期拉丁文作家奥鲁斯·格利乌斯(Aulus Gellius)那里,我们发现他已经开始抱怨这个词背离了自身的真实意义。格利乌斯说,humanitas 被不正确地用来指称一种"驳杂的善行(promiscuous benevolence),即希腊人所谓的博爱(philanthropy)",然而这个词实际上意味着信条与训练,它并不适用于芸芸大众,而只适用于精选出来的少数人——简而言之,它的含义是贵族式的(aristocratic),而非民主式的(democratic)。①

格利乌斯所抱怨的那种混淆不仅本身很有趣,而且它与我们今天要警惕的混淆情况也密切相关。如果我们相信格利乌斯所说的话,那么罗马的衰败时期与我们当今的时代在这一点上是非常相似的,即两个时期都倾向于为同伴提供友爱,或曰利他主义(这是我们的说法)代替了大多数其他美德。这就混淆了人文主义与博爱。只不过我们的"博爱"后来与"进步"的观念(idea of progress)——在古代我们只能找到这一观念最原始的开端——联系了起来,从而发生了深刻的变化,这一点我们将在以后看得更为充分。

正是普遍的博爱与对个人的教导和训练之间的那种微妙差别,引发了奥鲁斯·格利乌斯的不满。在他那个时代,似乎需要两个词来分别描述这两种状况;当然这在今天也是必要的。一个人如果对全人类富有同情心,对全世界未来的进步充满信心,也亟欲为未来的进步这一伟大事业贡献力量,那么他就不应被称作人文主义者,而应被称作人道主义者(humanitarian),同时他所信奉的即是人道主义。但目前的趋势

---

① 《阿提卡之夜》(Noctes Atticae),第13章,第17节。——作者原注

却是把"人文主义"一词当作人道主义的一种简化和便利形式,于是必然会引起各种各样的混淆。人道主义几乎只看重学识的宽广和同情心的博大,比如诗人席勒①,当他说要"敞怀拥抱千万人",并给予"全世界一个吻",此刻他就是一个人道主义者而非人文主义者。相形之下,人文主义者对亲近的对象更具选择性。奥鲁斯·格利乌斯是个多少有些迂腐刻板的人,他几乎完全将同情排除在他的 *humanitas* 概念之外,并将该概念的意义限定在他所说的工夫与规训(*cura et disciplina*)的范围之内。他引经据典的来源是西塞罗②,然而西塞罗似乎避免了类似的片面观点。像他那种令人钦佩的人文主义者,当然知道人们所需要的并不仅仅是同情,也不单单是训练与选择,而是一种受过训练的、有选择的同情。未经选择的同情会导致优柔寡断,而缺乏同情的选择则会导致苛酷倨傲。

相对于人道主义者而言,人文主义者感兴趣的是个体的完善,而不是全人类都得到提高那种伟大蓝图;虽然人文主义者在很大程度上考虑到了同情,但他坚持同情必须用判断来加以制约和调节。最近人们又作了几次定义人文主义的尝试,其中布吕内蒂埃③被认为脱离了自己的时代,④却同样受制于我们当前的失败:他和我们一样,在"人文主

---

① 席勒(Friedrich von Schiller,1759—1805),德国诗人、剧作家、历史学家、文艺理论家,主要作品有剧本《华伦斯坦》《阴谋与爱情》《威廉·退尔》等。

② 西塞罗(Marcus Tullius Cicero,前106—前43),古罗马政治家、演说家和哲学家,力图恢复共和政体,著有《法律篇》《国家篇》等。

③ 布吕内蒂埃(Ferdinand Brunetière,1849—1906),法国评论家、文学史家。主要著作有《法国文学史指南》《批评问题》和《文学史中风格的演变》等。

④ 《法国古典文学史》(*Histoire de la Littérature française classique*),第28页。——作者原注

义"这个词当中除了渊博的知识和丰沛的同情之外别无所见。布吕内蒂埃认为自己已从泰伦斯①那句著名的台词"我相信,凡为人事,无一外乎于我"(Humani nihil a me alienum puto)当中发现了"人文主义"一词的完整定义。这句话很好地表达了人与人之间的普遍关爱之情,然而却无法定义什么是人文主义者,因为这当中完全缺失了选择的概念。要知道这句台词在剧中只是管他人闲事时所说的一个借口,对于那些好事的人道主义者来说,这倒是一句非常适合他们的座右铭。那些人道主义者,今天我们都再熟悉不过:他们带着各种方案四处游走,试图改革几乎所有的事情,唯独他们自己除外。至于从文学方面来讲,我们不妨引用这句台词,作为人们从柏拉图到周日增刊无所不读的一个正当理由。世界性的广博知识与充沛的同情本身是无法自足的,这些特质要想变得人文就必须用训练与选择加以调节。从这个角度讲,拉丁文 litterae humaniores(更加人文的文学)是一个比英文 humane letters(人文的文学)更恰当的短语,因为拉丁文的比较级形式强调了选择的必要。

　　真正的人文主义者在同情与选择之间保持着一种正当的平衡。我们现代人——其中甚至还有像布吕内蒂埃那样的过去时代的拥护者——都过分倾向于重视同情的因素。从另一方面来讲,古希腊和罗马时代的古人们都倾向于为了选择而牺牲同情。格利乌斯反对把 humanitas 和那种"驳杂的善行"混淆起来,而将之交付于信条与训练的

---

① 泰伦斯(Terence,前195—前159),古罗马喜剧作家,作品有喜剧《安德罗斯女子》等六部,大多根据希腊新喜剧改编而成。

管辖,这本身就可能完全是一种误导。古代的人文主义在整体上具有强烈的贵族气质,其同情今日看来是在非常狭隘的一个渠道中流淌的;对于那些未受过教导与训练的卑下者,它自然而然地会流露出轻蔑与倨傲。的确,那种未加选择的普遍的同情,那种所谓人与人之间兄弟般的情谊,往往被看作是随着基督教的产生而出现的;我们还可以更进一步说,把爱与同情提升为至高无上的、能够满足一切的法则,并认为这法则不需要任何信条与训练来加以补充,这种做法在很大程度上是现时代即人道主义时代所特有的。从历史上讲,基督徒往往倾向于把他们的同情心留给那些与他们自己有着相同信条和训练的人,他们对同类的同情当中往往夹杂着对异类的狂热憎恨。事实上,基督教有很大一部分教义便是对选择大加强调——甚至认为上帝自身便倾向于选择而非同情(如"很多人受到召唤,只有少数人中选"[Many are called, few are chosen]那一类说法)。我们可以肯定,对当代那些大谈社会问题、把信仰降低到廉价住房问题这种层次上的人道主义者,像圣保罗、圣奥古斯丁、帕斯卡①那样坚定的信徒,一定会把他们看作是懦弱和堕落的人。同情在人道主义那里的地位对于我们目前讨论的主题来说极为重要,这一点我们将在下文重点处理。就目前而言,把现代之同情的民主式包容(democratic inclusiveness)与古代人文主义者的贵族式冷漠(aristocratic aloofness)及其对粗鄙世俗的轻蔑(*Odi profanum vulgus et arceo*[我厌恶普通民众并躲开他们])加以对照便已足够。这种冷漠和

---

① 帕斯卡(Blaise Pascal,1623—1662),法国数学家、物理学家、哲学家,概率论创立者之一,提出密闭流体能传递压力变化的帕斯卡定律,哲学著作有《致外省人书》《思想录》等。

轻蔑在文艺复兴时期的人文主义者身上有所反映,并且在某些方面表现得非常突出。文艺复兴时期的人物感觉自己在两个方面高于"众人"(the raskal many):首先是其信条与训练,其次是传递这些信条与训练的学术手段。这种傲慢的人文主义曾在弥尔顿①的诗句中有所反映:

> 我说的不是那些乌合之众,
> 游手好闲之徒,
> 他们就像夏日苍蝇自生自灭,
> 没有名字,无人记得。

12　此后这一人文主义理想日益程式化,而且与特权和等级联系了起来。社会优越感强化了那种智识上的优越感,由此便造成了同情心的消减,而这正是艾米尔②反感英国绅士的原因:"绅士们在彼此之间讲究礼貌、平等与社交礼仪;而他们对本阶层之下的人则傲慢、轻蔑、冷淡、漠不关心……绅士的礼貌不是人性的、普遍的,而是非常个别的、私人的。"毫无疑问,英国人的同情心如此狭隘,令人遗憾;但是,如果英国人在扩展其同情心的过程中,废弛传统的训练(包括人文的与宗教的),使之变得软弱无力,那就会是更大的遗憾了。其实,英国的人文

---

①　弥尔顿(John Milton,1608—1674),英国诗人,对18世纪诗人产生了深刻影响,代表作有长诗《失乐园》《复乐园》及诗剧《力士参孙》等。

②　艾米尔(Henri Frédéric Amiel,1821—1881),瑞士日记作者和哲学教授,以一篇自我分析的《私人日记》而闻名。

主义者即便有艾米尔所批评的那些毛病，也并未完全背离其古典原型。正如布彻(Butcher)教授所指出的那样，英国式的绅士和学者的观念与雅典贵族式民主政体所持有的有教养的人(the cultivated man)的观念，这二者之间存在着真切的联系。

二

我们要记住，尽管我们一直在谈论古代的人文主义和人文主义者，但人们直到文艺复兴时期才开始使用"人文主义者"一词，"人文主义"一词则更晚才得到使用。在研究文艺复兴时期人文主义的过程中，我们需要特别关注一个重要的对比，即当时在人性与神性之间通常会产生的那种对比。就其本质而言，文艺复兴是反对那个神性有余而人性不足的时代的，它反对中世纪神学对人的某些方面的压抑与阻碍，并反对那种超自然的视角——它把某种致命的约束强加于更纯粹的人性的与自然的能力。只有在古代的经典著作中，我们才能找到这些功能充分而自由展现的范例；但是，对古希腊罗马的崇拜本身很快又演变成了一种迷信：一个人被称为人文主义者，往往不过是因为他对古代的语言入了门，而他本身却很可能根本不具备这个词本应蕴含的信条与训练。早期的意大利人文主义者很少真正是人文的。对于他们当中的很多人来说，人文主义远不是某种信条与训练，而是对于一切训练的反抗，是一种从中世纪的极端走向另一极端的疯狂反弹。在文艺复兴初期，占据主流的是一种解放运动——对感官的解放，对才智的解放，在北方国家还涉及对良知的解放。这是第一个伟大的现代扩张时期(era of expansion），是对个人主义的第一次促进。与所有此类时期的特征相同，这时最重要的是知识的扩展以及随之产生的同情心的扩张——只要后者的扩张能与人文主义的排他特性相互兼容。那个时代的人拥有爱默生①所说的对知识的"饿狗般的胃口"。他们那种打破中世纪传统镣铐和束缚的狂热，那种欢庆自然与人性恢复和谐之时所表现出的勃勃生气，一时遮蔽了对礼仪（decorum）和选择的要求。比如拉伯雷②这样的作家就既不讲究礼仪，又不讲究选择；因此他虽然是一个天才，但是在有教养的古人眼中，却很可能是野蛮的（barbaric）而非人文的。无序且无训练地展示个人的能力，并过分强调相对于约束（restraint）而言的自由（liberty）的好处，这些做法随之带来了扩张时期特有的恶。无政府主义的自我张扬和放纵与日俱增，这对于社会本身的存在似乎已经构成了一种威胁，由此社会开始对个体产生反动：在扩张时期之后，集中时期（era of concentration）随之而来。此类变化发生于不同时代、不同环境和不同国家。在意大利，变化基本发生在罗马之劫③（the sack of Rome）和特伦特会议④（the Council of Trent）时期；在法国，变化

---

① 爱默生（Ralph Waldo Emerson，1803—1882），美国思想家、散文家与诗人，美国超验主义运动的代表人物，提倡个人绝对自由和社会改革。
② 拉伯雷（Francois Rabelais，1494—1553），法国作家，人文主义者，代表作为长篇小说《巨人传》，作品反映了文艺复兴时期新兴资产阶级的思想要求。
③ 罗马之劫发生于1527年5月6日。科涅克联盟战争期间，神圣罗马皇帝查理五世的部队兵变，发动了对罗马的洗劫。
④ 指1545至1563年间罗马教廷于北意大利的特伦特城召开的大公会议，这次会议是罗马教廷的内部觉醒运动之一，也是天主教反改教运动中的重要工具，用以抗衡马丁·路德的宗教改革所带来的冲击。

则发生于宗教战争天下大乱之后，表现在亨利四世①的政治举措和马莱伯②的文学作品之中。当然，在文艺复兴这样一个复杂的时期，我们必须允许众多思想潮流和反对意见出现，也必须允许任何个人例外的出现。无论是某一个体还是某一时代，通常都会有一些与主要潮流背道而驰的因素，而这些因素一般都是至关重要的。只要某人不是一位不得不证明其"独创性"的德国博士或喜欢为了悖论而悖论的人，那么通常还是可以在各种潮流和反对意见当中看清主要趋势的。

从而我们可以肯定地说，文艺复兴后期的主要趋势远离了那种欣赏自由扩张(free expansion)的人文主义，而转向了具有最高程度的训练与选择的人文主义。不过，有一个本质上不同的问题，使整个运动都变得复杂起来，即至少在法国和意大利，人们已经感到有一种对抗个体以保护社会的需求。人们本来可以在坚持选择与训练的同时无须对个人主义疑虑重重，但这个时期的很多人文主义者却由于过分强调一种外来的、自上而下强制进行的训练，以及一种尚需在各种具体条件下不断修正的信条，而不免流于僵化和狭隘，换句话说，他们不再是人文的了。斯卡利杰③是位极为苛酷的天才，他曾对自己所处时代的整个欧

16

---

① 亨利四世(Henry IV, 1553—1610)，此处指法王亨利四世，法国波旁王朝第一代国王，曾颁布《南特赦令》，保证法国胡格诺教徒的信仰自由，使宗教战争后的法国收获了繁荣。

② 马莱伯(Francois de Malherbe, 1555—1628)，法国诗人、文学批评家，诗歌多为宫廷祝颂之作，主张语言纯正准确及韵律严整，其理论对后来法国文学的发展和正统诗歌理论产生了影响。

③ 斯卡利杰(Joseph Scaliger, 1540—1609)，法国古典学者、语言学家，主要著作为《年代学校正》，首次将年代学建立在科学的基础上。

洲文学批评产生了影响,艺术的本质在他看来即是"对自身的挑剔与苛求"(electio et fastidium sui),但实际上斯卡利杰的苛求从来都是留给别人的。这种严格挑选的精神日益流行,直至豪放的拉伯雷为孤傲的马莱伯所代替,直至产生了一种纯粹主义(purism),使人们的思想、情感乃至语言都面临枯竭之威胁。卡斯蒂廖内①在他的论廷臣的文章中说,绅士的个性构造中应当加入孤高倨傲(sprezzatura)的成分。这个说法如果加以恰切的理解,确实包含了深刻的真理。但不幸的是,贵族式的孤傲不乏严格的选择,却缺乏广泛的、同情性的知识,这直接导致了伏尔泰对他所描写的威尼斯贵族波科库兰特(Pococurante)的那种抨击的态度。波科库兰特代表了这样一种类型的学者:他们不像今天的学者那样因其包容的同情心而得到尊重,而是由于他们对事物的大肆批判为人们所尊重。波科库兰特有着一种精心培养出来的孤高倨傲,这里面还夹杂了一丝报复心,除了维吉尔和贺拉斯的一小部分诗歌以外,他几乎看不起所有其他的东西。"这个波科库兰特是一位多么伟大的人呀!"憨第德②无比敬畏地说道,"没有什么能够取悦他。"

　　尽管文艺复兴后期强调的训练与选择类型的人文主义与早期扩张类型的人文主义之间存在着反差,但这不应使我们无视二者目标的潜在统一。这两个时期的人都把古代的人文主义者看作自己的领路人,

---

　　① 卡斯蒂廖内(Baldassare Castiglione,1478—1529),意大利外交官、侍臣,著有《廷臣论》,用对话体描述文艺复兴时期理想的贵族和侍臣的礼仪。

　　② 憨第德(Candide)是启蒙运动时期哲学家伏尔泰所著的一部法国同名讽刺小说里的角色。

他们的目标也是一致的,都是要造就完善的人(the complete man / totus, teres atque rotundus①)。只不过后一时期的人和通常意义上的新古典主义者,与其说希望通过扩张性的德性(the virtues of expansion)来达到这种完善,不如说希望通过集中性的德性(the virtues of concentration)来实现其目的。对他们来说,文艺复兴早期人士似乎给个人的奇思异想打开了太大的缺口,因此他们主要关心的问题是对主题的选择,以及建立一种普遍的、人文的信条与训练。为了达到这一目的,古典的信条与训练被拿来服务于基督教的信条与训练。这种在异教与基督教传统之间取得妥协的努力,在天主教国家的耶稣会学校中,以及在新教国家旧式大学教学大纲中对某些学科的选择上都显而易见。毫无疑问,选择神性或人性二者中的任何一方作为代表都将是不充分的,此外,那些在诸多方面相互分歧、在某些方面彼此敌对的信条与训练,它们之间的全部妥协无疑也会显得非常肤浅而因此遭到批判。文艺复兴早期人士对于人性及其所理解的神性之间的对立感受得更为深切,从而他们经常会坚决地维护双方中的一方。马基雅维利②指责基督教将世界弄得缺乏阳刚之气,而路德③却认为对异教经典的研究(除了某些极狭窄范围内的研究)有害无益。

---

① 意为"整全、融通、雅致"。
② 马基雅维利(Niccolò Machiavelli,1469—1527),意大利政治思想家、历史学家、作家,主张君主专制与意大利的统一,著作有《君主论》《论李维》等。
③ 路德(Martin Luther,1483—1546),德国人,16世纪欧洲宗教改革运动发起者,基督教新教路德宗创始人,公布《九十五条论纲》抨击教廷并否定教皇权威。

加尔文①憎恨拉伯雷,拉伯雷则谴责加尔文是个骗子。然而,将古代人文学科和修辞艺术视作天主教附庸的那种努力毕竟在很多方面还是值得赞赏的,"睿智而雄辩的虔敬"(sapiens atque eloquens pietas)这句格言可以很好地概括这个意思,如果加以恰当的理解,不妨用来定义大学之目标。

当今学术所迫切需要的,就是去研究我们应如何挑选某些代表性学科,并结合宗教方面的因素,将这些学科统一在一种规约之下:简而言之,我们需要的是一部比以往大学的教学大纲更为细致的历史。与此密切相关的是,我们同样需要一部关于绅士的发展史,这可以回溯到卡斯蒂廖内的著作和16世纪意大利其他有关风俗的论述中去,特别要厘清绅士的概念是如何与学者的概念结合起来的,而这一绅士-学者的理想在英国依旧存在。意大利的卡斯蒂廖内和英国的菲利普·西德尼爵士②带着文艺复兴时期的灿烂活力,早已实现了这种绅士与学者兼于一身的理想。然而那位斯卡利杰却由于他那苛刻的选择,依然不过是位难得的学究而已。一般来说,正是在法国的影响下,学术才摆脱了那种学究作风而变得风雅精致起来,人文主义者的标准才与世人的标准结合在了一起。但同样是在法国的影响下,绅士与学者的理想外化并程式化了,直至后来在某些新古典主义者(如波科库兰特)那里,它退化为一种势利和浅薄的混合物,曾经深刻的洞见如今不过成了一种

---

① 加尔文(Jean Calvin,1509—1564),法国神学家,16世纪欧洲宗教改革家,基督教新教加尔文宗的创始人,著有《基督教原理》,否认罗马教会的权威。
② 西德尼爵士(Sir Philip Sidney,1554—1586),英国诗人、廷臣、军人,作品有传奇故事《阿卡迪亚》、文学评论《诗辩》等。

彬彬有礼的偏见。然而，我们绝不能像浪漫主义反叛运动的伟大首领那样，因为急于剔除习俗的外壳，便置人文志向于不顾。新古典主义者即使在他最矫揉造作的地方，也依然与古代的人文主义者有着某种联系：这表现为他对于走向某一极端的恐惧，对所有倾向于使某些能力萎缩的同时使另外一些能力膨胀的事物的恐惧；还表现为他避免一切过分之事并避免过分强调某事；最后表现为他对过分热衷的不信任，因为人很难在激情高涨的同时保持温和适中。他在孤高倨傲之中培养自己的超然和自由，并对任何事情都淡然处之(*nil admirari*)；然而浪漫主义者，正如世人皆知的那样，对任何事物都会感到惊奇，特别是对他自己和自己的天赋感到惊奇。在言谈举止方面，新古典主义者会考虑人性的普遍特点，会在写作和言说中小心翼翼地避免使用技术性和专业性术语。正如约翰逊博士①所说："完美的教养在于，不留任何一丝专业的痕迹，而只有无处不然的优雅举止。"（不过这个标准约翰逊博士本人也并未完全达到。）所有这些观念的核心其实正是对专业化的恐惧。拉罗什富科②曾说："真正的绅士与学者(*honnête homme*[至诚君子])是那种在任何方面都不自负的人。"我们可以把这句话与美国商业界流传的一句格言加以对照：知道两件事的人是可恶的。换句话说，过去的人宁愿被人认为是肤浅的也不愿被看作是片面的，今天的人则宁愿被看作是片面的也不

---

① 约翰逊博士(Dr. Samuel Johnson, 1709—1784)，英国作家、评论家、辞书编纂者，编有《英语词典》《莎士比亚集》，著有长诗《伦敦》等。
② 拉罗什富科(La Rochefoucauld, 1613—1680)，法国伦理作家，著有《箴言录》五卷，内容主要表现其愤世嫉俗的思想。

愿被认为是肤浅的。

三

现在不妨总结一下我们寻求人文主义定义的成果。我们发现,人文主义者(正如我们从历史中所了解到的)在极度的同情与极度的训练和选择之间游移,并根据他调节这两个极端的程度而相应地人文化成。概要地陈述这一真理,正如帕斯卡所云,人之卓越的真正标志,是他协调自身对立之德性的能力,以及其占据这些德性之间所有空间(*tout l'entredeux*)的能力。人通过融合自身相反品质的能力来显示其人性以及高于所有其他动物的优越本质。正如我们所知,圣弗朗西斯①在自己身上融合了老鹰与鸽子的品质——他是一只温和的老鹰。我们上文引述过的那位古希腊哲学史家也谈到了苏格拉底在思想与感觉之间获得的完美和谐。如果我们在这方面将苏格拉底与卢梭相对照(卢梭曾经说自己的"心灵与头脑似乎不属于同一个体"),我们就会看到哲人(sage)与智者(sophist)之间的区别了。人是一种注定片面的造物,然而人之所以为人文的,就在于他能在多大程度上战胜自身本性中的这个命定之事;他所能达到的人文程度,完全取决于他调和自身相反德性的程度。这个目标,正如马修·阿诺德②在他那些最令人钦佩的隽语中所云,就是稳定地、完整地看待生活。但可惜的是,还没有人能

---

① 圣弗朗西斯(Saint François de Sales,1567—1622),法兰西天主教士,日内瓦主教,著有《虔修入门》,主张世人不必遁世也可以达到心灵完美。

② 马修·阿诺德(Matthew Arnold,1822—1888),英国维多利亚时代的诗人和评论家,著有抒情诗集《多佛滩》及论著《文化与无政府状态》等。

够完全实现这个目标,即使是阿诺德所推崇的索福克勒斯①也是一样。在人们作了较为简易的调整之后,还有其他更加困难的调整在等待着他,从某种意义上讲,这一目标是遥不可及的。

就最实际的目的而言,节度法则(the law of measure)乃是人生最高的法则,因为它限定并囊括了所有其他法则。无疑正是由于洞察到了这一事实,远东最杰出的人——佛陀乔达摩(Gotama Buddha)在他第一次说法时开头便道:极端的即是野蛮的。但是印度就整体而言未能领悟这一法言的真义。古希腊或许是最为人文的国家,因为它不仅清楚地阐明了节度法则("不要过度"),并且还认识到神的报应(nemesis)会惩罚任何一种狂妄的过度($ΰβρις$[傲慢])或违背上述法则的行为。

当然,即使是在古希腊,也只有少数人才会真正洞见到节度法则——尽管有时这"少数人"可能会占据相当的数量。古希腊以及其他地方的大多数人则几乎都是不健全的,而不健全的原因就在于其片面性。我们可以从商业危机理论中借用一个常见的例子来说明这一情况。只有少数人是谨慎的,这些人会慎重地调节企业的发展;而大多数人则不免会发展为过度交易(over-trade),除非他们受到谨慎的少数人的制约,否则最终就会自食恶果。古希腊文明曾因过度(the excess)而遭受巨大的痛苦,这一点对我们来说独具意义,因为那个达到如此人文程度的民族显然本应能够作出适当的调整。在此我们并不打算解决这

---

① 索福克勒斯(Sophocles,前496—前406),古希腊三大悲剧诗人之一,一生共写过一百余部悲剧,传世剧作有《埃阿斯》《安提戈涅》《俄狄浦斯王》等。

个太过困难的问题,我们不妨这样说,古希腊由于理性怀疑主义的出现而丢失了自己的传统准则,由于未能发展出足以统一其生活并向个体施加一种纪律的新准则,因此其心智便陷入了一种危险的、过度灵活的状态之中。简而言之,它未能调节好统一(unity)与多样(diversity),或如哲学家们所表述的,未能调节好绝对与相对之间的关系。最有智慧的古希腊思想家(特别是苏格拉底和柏拉图)都看到了这个问题并找到了解决的办法;但是雅典人最后却处死了苏格拉底,这表明时人已经无法分清圣哲与智者了。

柏拉图曾说,有一(the One)与多(the Many),"如果有人能使'一'与'多'相结合,我将追随他的脚步,如同追随神的脚步"①。协调"一"与"多"确实艰难异常,或许是一切事物中最艰难的;然而协调"一"与"多"又是如此重要,很多民族就是由于做不到这一点而灭亡的。古印度由于过分强调"一"而招致灭顶,而古希腊则由于未能找到统一的约束感,最终产生了那种尤维纳利斯②笔下"贪婪的希腊人"(hungry Greekling)所表现出来的有害的孱弱。

在丢失传统标准这一点上,现代与雅典伯里克利时代不无相似之处;因此,如果我们看到古代诡辩术卷土重来,也不必为此感到吃惊。

---

① 《斐德若篇》(Phaedrus),266B。一般来说希腊人没有将节度法则和"一"与"多"的问题联系起来。亚里士多德在这方面比柏拉图更具代表性,但我们也不能说,他将自己有关思辨生活的理论或达到神性的统一感的理论,与其调节各种极端的德性理论结合了起来。——作者原注

② 尤维纳利斯(Juvenal,60?—140?),古罗马讽刺诗人,传世讽刺诗十六首,抨击皇帝的暴政,讽刺贵族的荒淫。

对于 F.C.S. 席勒先生来说,所谓人文主义其实就是某种普罗泰戈拉①式的理性印象主义。② 同古代的智者一样,实用主义者往往会超越核心准则的管束,把个人及其思想与感觉作为衡量一切事物的尺度。詹姆斯③教授说:"为什么不断向前推进的经验,不能身携其切近的满足与不满,去刺破黑暗,如同月光照彻黑暗的深渊?"④然而日月星辰自有其预定的轨迹——正如老派毕达哥拉斯主义者所说的那样——并不敢僭越规定着它们的运数。要使詹姆斯教授的比喻合理有效,则月亮需要拒绝忠实于中心的统一,在太空中任意游荡并由此踏上印象主义的探索之旅。当然,做一个实用主义者,比做一个拥抱朱诺迷云(cloud Junos)、投身黑格尔式形而上学的人要好得多。但是,有些人竟然发展出了这样一种非此即彼的极端感觉,即将詹姆斯教授及其学派视为人文主义的,对于这一点我们将加以严肃质疑。再没有比这种走向极端的多元论(pluralism)更不具备人文或人文主义特性的了,只有那种同样走向了极端的一元论(monism)才堪与之比拟。

人的心智若想保持健全,就必须在统一与多样之间保持最佳的平

---

① 普罗泰戈拉(Protagoras,前 490?—前 420?),古希腊哲学家,智者派的主要代表人物,提出相对主义的著名命题"人是万物的尺度",著有《论神》等。

② 席勒先生曾自己指出了这一联系(见《人文主义研究》[Studies in Humanism],第 xvii 页)。如后文将清楚地显示出来的,我并不反对实用主义者们对经验和实际结果的追求,而是想和他们探讨一下这种做法失败的原因:因为他们对一的感觉不够充分,所以他们无法获得真正的标准来检验自己的经验,并分清什么是判断,什么只是一时的印象。——作者原注

③ 詹姆斯(William James,1842—1910),美国哲学家和心理学家,实用主义者,机能心理学创始人。

④ 《人文主义与真理》(Humanism and Truth),第 16 页。——作者原注

衡。人有时会产生与绝对存在(absolute being)相互交融的感觉,这一洞见会促使他遵守人性的更高准则;还有一些时候,人仅仅会把自己视作自然之相对性以及永恒流变过程中的一个偶然环节。人们有时如爱默生所云,感觉自己"与众神单独在一起",还有一些时候又如圣伯甫①所说,觉得自己不过是"无尽的幻象中最难以捉摸的幻象"。人的高贵之处在于他对"一"的亲近,同时他又只是各种现象中的一个现象而已,如果人忽视了其现象性的自我(phenomenal self),便会因此面临巨大的危险。人的各种才能所形成的人文平衡会受到两种极端趋势的破坏:其一是过度的自然主义,另一则是过度的超自然主义。我们已经看到,文艺复兴是如何反对中世纪那种走向极端的超自然主义,那种导致自然与人性过度隔阂的片面性的。从此世界开始走向了另一极端:它不再满足于在自然与人性之间建立更好的和谐,而是要彻底弥合这一隔阂。斯宾诺莎②有一句著名的格言:人在自然中,并不像一个帝国中的帝国,而更像是整体中的一部分。自然主义者悉心培养的那些重要能力,超自然主义者任其荒废,结果其他的能力,特别是那些与思辨生活有关的能力,亦因长期荒疏而日渐衰退。人在掌握事实方面取得了极大的进步,同时却沉溺在了纷繁的事实当中,以至于丧失了对"一"的视野与想象,然而,正是"一"曾经威慑并限制了他的低级自我(lower

---

① 圣伯甫(Charles Augustin Sainte-Beuve,1804—1869),法国著名文学批评家,强调作者成长环境对作品的意义,主张将传记引入文学批评,著有《文学肖像》等。

② 斯宾诺莎(Baruch de Spinoza,1632—1677),荷兰哲学家,唯理论的代表之一,从"实体"即自然界出发提出"自因说",认为只有凭借理性认识才能得到可靠的知识,著有《伦理学》等。

self)。正如爱默生在他那令人难忘的诗句中所说,"存在着两种分立的法则";既然我们无法调和"人之法则"(law for man)与"物之法则"(law for thing),那么他宁愿我们分别保留对每一种法则的感觉,并持有一种"双重意识"(double consciousness),即"公共的"和"私人的"大性。爱默生还使用了一个古怪的意象来进一步加以说明:人必须交替地驾驭这两种天性之马,"就像马戏团里的骑手一样,敏捷地从一匹马跳上另一匹马,或是把一只脚放在一匹马的背上,把另一只脚放在另一匹马的背上"。

或许爱默生身上表现出了太多这样的精神马术。在他的作品中,统一与多样常常不是表现为对立的和解,而是表现为矛盾的剧烈冲突。他太满足于自己的这个说法了:在一半的时间里,一切事物都与其他事物相似;而在另一半时间里,一切事物又都与其他事物不同。因此,他的天赋中确实不乏崇高与宁静,但同时也有一种令人不安的暧昧,并且在处理细节时缺乏把握能力。然而,爱默生依然是这个科学唯物主义时代里某种精神真理的重要见证人。他对自身所处之时代的判断或是一锤定音:

> 事物踞坐马鞍
> 驾驭着人类。

人自身及其精神产品——语言和文学——被看作以物之法则为根据,而非自有其法则,并被视作完全受制于科学战胜"现象自然"(phenomenal nature)所凭借的那些方法。某人类学协会的主席最近在他的年度致辞中,引用了一句人文主义格言——"研究人类,应以人为本"作为其座右铭,对此可能并没有人会意识到有何不妥。然而,最近有一位芝加哥的教授花费了一年时间收集刚果的儿童翻绳游戏(cats'-cradles),这样的话,我们也许马上就会看到一个真正的人文主义者的典型要树立起来了。

今天我们要捍卫人文学科不受自然科学的侵犯,一如曾经捍卫它们免受神学的侵犯。但我们首先必须实现此前早已作出的承诺,在随后的文章中尝试追索当前状况的起因:何以伟大的自然主义和人道主义运动不仅取代了人文主义的视角,而且使得人文主义对于当代人来说变得难以索解?

第二章　两种类型的人道主义者：培根与卢梭

对于勒南而言，现代思想史上最重要的事件，莫过于16世纪哥白尼的天文学说取代了昔日的人类中心观。新天文学说的出现使人类第一次有了时空无限的感觉。换一个说法或许会产生较少的误解：人类被强行赋予了一种前所未有的关于物质世界的无限之感。这种对于无限的物质世界的震惊之感，我们在帕斯卡那里能够看到，然而在但丁①这样的中世纪作家那里却是找不到的。从此人类不再把地球看成宇宙的中心，也不再把自己看成世界的中心，而是在无限的空间中漂泊。这样被湮没在无限当中，人们发现要想确认自身本质上的优越性变得日益艰难；人渐渐不再把自己看作一个帝国中的帝国，而是开始将自身看作整体的一部分。在人类失去超自然的特权之后，这种自然与人性统一（the oneness of nature and human nature）的新感觉给人类带来了某种安慰。从情感的方面来说，按照华兹华斯②的说法，"明智的被动"

---

① 但丁（Dante, 1265—1321），意大利诗人，文艺复兴的代表人物，著有《神曲》等。
② 华兹华斯（William Wordsworth, 1770—1850），英国浪漫主义诗人，曾被封为英国桂冠诗人，其诗歌理论推动了英国浪漫主义运动的发展。

(wise passiveness)所带来的好处抚慰了人类;从科学的方面来说,按照培根①的说法,为了获得支配权,人类正是要通过遵从自然来征服自然。

自然主义者按其主要气质分类,明显可以分为情感的和科学的两类;相应地,与这两类自然主义者最接近的就是科学的和情感的人道主义者(scientific and sentimental humanitarians)。我们还要补充一点,那些实证主义与功利主义运动主要是在科学人道主义的鼓动下发展起来的,而情感的自然主义则是所谓浪漫主义运动中若非最重要的也是非常重要的一个因素。篇幅所限,我们无法充分讨论为什么各种类型的自然主义和人道主义在现代思想史中的联系如此紧密。不过很显然,这一联系中最重要的因素就是进步的观念。古希腊人和古罗马人以科学的态度研究自然,同时又与自然达到了某种程度的情感交融。人文主义和自然主义在古典时代的人身上共存,正如可以在文艺复兴时代的人身上共存一样,并且常常会以难以察觉的程度相互转化。只有到了近代,科学上的斩获变得如此显著,人们才开始觉得科学可以为人类普遍而系统的进步带来希望。此前的博爱与进步的观念更加紧密地联系在一起,从而修正、转化成了人道主义;随之进步观念亦主要建立在了这一信仰之上——只要与自然更加密切地合作,整个人类就都会获益。很明显,这种新观念下的科学比情感发挥了更重要的作用。人类总是梦想着黄金时代,而只有现代科学取得巨大成就之后,人类才有可能将黄金时代置于未来而不是过去。正如勒南所云,关于人性的观念

---

① 培根(Francis Bacon,1561—1626),英国哲学家,英国唯物主义和实验科学创始人,反对经院哲学,提出知识就是力量,主要著作有《新工具》等。

以及对人性总体成就的崇拜是判分新旧时代的分水岭。随着传统信仰的衰退,这种对人性的崇拜日益成为我们真正的宗教,我们都愿意成为阿布·本·阿德罕姆①(其部族已在逐渐扩大),并且几乎无法想象上帝之爱是人类之爱以外的某种东西。这种新的宗教甚至威胁到了 19 世纪为人所称道的那种历史感。这一进步观念的现代信仰者自信地从自己的特定角度来看待过去,正如中世纪的人想象古代特洛伊会有修道院和教堂一样。

只有远离抽象的迷雾,历史地、具体地来定义情感的人道主义和科学的人道主义,我们的定义才可能会更清楚。找出那些不但持有这些观点而且在现实生活中身体力行的个体,或许才是最好的做法。说到科学的自然主义者和人道主义者,早在 16 世纪,我们就已有一位完美的典范,那就是培根;另一方面,关于情感的自然主义,一直要到 18 世纪才终于在卢梭的人格和作品中得到最充分的体现。培根与卢梭代表了目前正在瓦解传统训练——不论是人文方面还是宗教方面——的主要趋势。在后文中,当我们谈到某人是一个培根主义者或是一个卢梭主义者时,我们并非断定他必然受到了培根或卢梭的直接或间接影响,而仅是意味着这些人所具有的人生观早已在培根或卢梭的思想中呈现出来了。因此,华兹华斯从卢梭那里直接或间接受到的影响常常难于界定,但任何一个严肃的学者都不会看不到这一点:华兹华斯作为英语诗歌的革新者,其作品中情感自然主义的所有因

---

① 阿布·本·阿德罕姆(Abou Ben Adhem,别名 Ibrahim Bin Adham),苏菲神秘主义者,死后被尊为圣人。他为了更好地服务民众,放弃了王位与奢华生活。

素都已潜在于卢梭此前的自然主义论述中,并已然得到了频繁且充分的表达。

卢梭对后世的直接影响显著而深远,这早已超越了他作为一位文学家所具有的影响,而几乎达到了与宗教奠基者比肩的高度。朱利斯·勒马特①先生最近作了一系列关于卢梭的演讲,他宣称卢梭的影响之大使他心中充满了一种"神圣的恐惧"(*horreur sacrée*),巴黎社会中时髦的反动圈子对这一说法鼓掌欢呼,由此卢梭的拥护者们在索邦大学主楼大厅组织了一次反对示威,在场者有数千人,而更多的人根本无法进入,当时的激动情绪已经达到了白热化的程度,人们所使用的言辞让我们联想起了法国强大的政治传统。我们满可以对这种法兰西特有的举动一笑置之,但是从根本上来说,这表明法国人认识到了现代生活在多大程度上与人们对卢梭的态度密切相关,这种认识本身大有道理。法国人没有将注意力集中在激进的同时代人身上——后者通常只是卢梭遥远而堕落的后裔——而是将他们的批判或辩护集中在这位伟大的激进主义之父身上,这样的做法也是大有道理的。

不论是拥护者还是反对者,大家都承认卢梭的决定性地位。但是说到培根,尤其是近来一些作家在把他和开普勒②、伽利略③或者笛卡尔④

---

① 朱利斯·勒马特(Jules Lemaître,1853—1914),法国文学批评家与戏剧家。擅长运用印象主义批评,于1896年当选法兰西院士。著有《当代人》《愤怒》《饶恕》等。

② 开普勒(Johannes Kepler,1571—1630),德国天文学家,发现行星运动三大定律,为牛顿发现万有引力定律和近代光学奠定了基础。

③ 伽利略(Galileo Galilei,1564—1642),意大利天文学家、物理学家,主张日心说。

④ 笛卡尔(René Descartes,1596—1650),法国哲学家、自然科学家,解析几何的奠基人,提出"我思故我在",主要著作有《几何学》《哲学原理》等。

第二章 两种类型的人道主义者:培根与卢梭 49

这些先驱相比时,①常常倾向于贬低培根及其在科学方法和科学发现上所取得的真实成就。但是任何贬抑都无法夺走培根的光荣,在他那个时代,他比其他任何人都更是"人之王国"(the kingdom of man)的先知。培根的思想是如此复杂的一个矛盾统一体,这需要整整几代人的细致工作来发掘其中的各个观点。简而言之,他显然属于那种凤毛麟角型的人物,在这些人物身上,我们几乎可以看到其中孕育着"先知的灵魂,在无边世界里梦想着即将来临的事物"。除了培根和卢梭,彼特拉克②是唯一一位影响辐射了整个文艺复兴时代,同时又在现代具有重要意义的人。奇怪的是,这三位伟大的未来先知都是意志薄弱的人,甚至在某种方面表现出可鄙的人格。通常人们会认为这种道德上的缺陷是偶然形成的。我们似乎不愿承认,彼特拉克、培根和卢梭不仅通过自己的力量,甚至还通过自己的缺陷预言了现代的精神。

例如,我们知道,麦考莱③关于培根的论文分为两部分:第一部分用来说明培根作为一个人是何其卑劣,第二部分则用来阐述培根之进步观念的光辉成就。当然,麦考莱毫不犹豫地利用了这种反差极大的对照,但对于一个寻求真理而非修辞效果的人来说,培根之道德败坏的

---

① 例见霍夫丁(Höffding)《现代哲学史》(History of Modern Philosophy)第2卷第5章当中关于培根的论述。——作者原注
② 彼特拉克(Francesco Petrarch,1304—1374),意大利诗人、学者,欧洲人文主义运动主要代表,著有爱情诗《抒情诗集》等。
③ 麦考莱(Thomas Babington Macaulay,1800—1859),英国政治学家、历史学家、辉格党议员、陆军大臣及军需总监,著有《英国史》和《古罗马之歌》等。

重大意义在于:这种堕落与其进步观念有着相同的起源。由于过分追求自然法则①,他忽略了人之法则,在寻求把控事物的同时,他失去了对自身的控制。当一个人受制于自然主义的心性,并过分受到权力与成功的诱惑,他就会成为爱默生所说的那种典型,即人是如何遭到"废黜"(unkinged)的。当我们查看国会委员会对培根的调查报告,看到杰出的能力与猥琐卑鄙的人格相混合,不禁产生一种奇特的似曾相识之感,想起我们自己的工商业领袖们也时常会惊爆丑闻。和培根一样,他们都背离了人之法则,遭到了"废黜",这与其说是出于他们对利益的贪求,不如说是出于他们对权力与成功的迷狂。正像培根一样,偏执的"得到结果"的渴望导致他们采取了我们所看到的那些过度行为,而那些过度的行为反过来开始惩罚作恶者,为之带来了无可逃避的报应。

  培根一生的主流方向是科学实证主义,并据之建立纯粹的量化与力学标准。不过,面对如此丰富、复杂的一种人格,我们亦不能忽略其余各种漩涡与逆流。培根在很多方面仍是一个文艺复兴时期的人文主义者(例如,他对于大众有着人文主义式的轻蔑),在其他方面他还是一个传统的基督徒。他并不像麦考莱的文章所写的那样,只是肤浅地迷恋着物质上的进步。他意识到了爱默生所说的"双重意识",知道物质进步不但不能确保道德的进步,而且还很可能会危害更高的人性。在《新工具》(*Novum Organum*)一书的序言中,培根庄严地祈祷:"打开

---

  ① "自然法则"原文为 the natural law,在白璧德语汇中大致等同于"物之法则",而非通常所谓的"自然法"概念。

感官的路径,点亮自然之灯,不会削弱人们灵魂深处的信仰,也不会导致人类灵魂无视于神性的奥秘。"他似乎预见到了,现代人战胜自然、取得辉煌战绩的代价是失去洞察力,他们在被丰富的物质力量加冕的同时,往往在精神上遭到了"废黜"。

培根的人道主义即全人类都会通过科学研究与科学发现取得进步的那种观念,起初对教育的影响渗透还较为迟缓,直到这种观念与知识和同情的扩张运动结合起来,才具有了实际的影响,开始遍及18世纪的欧洲,特别是卢梭与狄德罗①时代的法国。这场运动可以被看作是现代第二个伟大的扩张时代,也是个人主义的第二次推进运动。我们看到,拉伯雷式的非选择性的自然主义将彻底弥合自然与人性之间的鸿沟。正如圣伯甫所指出的,16世纪的自然主义潮流在17世纪的集中时期潜入地下,一度销声匿迹后又重新浮出地表,将我们现代的自然主义与文艺复兴时期的自然主义联系了起来。然而,狄德罗的自然主义虽不至于粗放与玩世不恭,却颇为率真,这甚至在拉伯雷的作品中也难得一见。于是选择的原则(principle of selection)被遮掩了起来,一方面是由于人们不加限制地宣扬激情与同情,另一方面则是因为取代了人之标准的定量与力学的标准大行于世。狄德罗对于知识有一种真正的高康大②式的渴望,在人文主义者眼中,这种渴望因为缺乏限度和约束,已经堕落成为一种知识欲(libido sciendi)。对丰富的知识与博大同

---

① 狄德罗(Denis Diderot,1713—1784),法国启蒙思想家、唯物主义哲学家和文学家,《百科全书》主编。
② 高康大(Garguantua),文艺复兴时期法国作家拉伯雷所著讽刺小说《巨人传》的主角。

情的追求在这个时代通过培根式的人道主义明确地联系了起来,这种情形确实是前所未有的。人们不是去进行某种苛刻的选择,而是要培养一种普遍的百科全书式的好奇,同时还要利用这一好奇来为人类的进步事业服务。这一类型学者的最高抱负就是:首先要吸收百科全书式的知识,然后在这一基础上作出自己的贡献,以求在将来的某个百科全书中获得一席之地。但在实践中,这一理想的两个方面——深度与广度——始终不能兼容。或许这正好说明,任何观点必须与自身相对立的东西人文地调和起来,否则都会不无讽刺地走向与自身原则相对立的反面。营求广泛的知识与同情来代替选择与判断,正是这种企图直接导致了现代专家们的狭隘。例如最近某些中世纪研究者所表现出来的片面与偏颇,早在赫尔德和格林兄弟①作品的恢宏热情中已初露征兆。吉辛②在《漩涡》(Whirlpool)一书中所塑造的一个角色曾有这样一番坦言——"我正在逐渐缩小研究范围",这不仅符合很多个体的情况,而且也代表了19世纪全体学者。这个名叫哈威(Harvey)的角色接着又说:"从前我有着非凡的梦想——梦想能够熟悉掌握半打世界文明的情况。我在东方狂热地学习东方的语言,从阿拉伯语开始,一个民族接一个民族地学,结果我回来了……最后发现我们只可能研究一个国家或者一个城市,不,可能只是一幢建筑。为什么我们不能献身于市

---

① 格林兄弟(Grimm brothers,1785—1863,1786—1859),雅各布·格林和威廉·格林兄弟两人的合称,德国语言学家与童话作家,著有《格林童话》。

② 吉辛(George Gissing,1857—1903),英国小说家、散文家,代表作为《新格鲁伯街》。

场十字架①的历史研究呢？彻底性就是一切。"

当一个人发现透彻了解一切事物是不可能的，他可能就会求诸人文主义的选择的原则，将之应用到那些为数众多并且不断增长的事物上面，并且可能会在探寻这一原则的过程中通过人类的智慧与经验来增强他个人的洞察力。但这种推理却未必适用于培根主义者：他认为个体不可能获得全部的知识，于是便抛弃了这一想法，然后通过某种虚设将知识的完整性赋予了总体意义上的人性。他并没有人文主义者那种对于完整性的热情，亦缺乏协调完善人类所有能力的热情。如果他获准培养某种特别的能力，或将某一学科推进到极致，那么他将很愿意为此牺牲那种理想的均衡。于是他推翻了人类知识的完整性，从人文主义对片面的恐惧之中解脱了出来，他感觉自己就像传说中荷兰干酪里的老鼠那样，可以自由地在自己的专业研究领域越钻越深。他也许会这样分辨：如果个体本身仅仅是一个片面的可怜的碎片，那么如果这碎片可以用来建筑进步圣殿的院墙，这又有何不可呢？如果他能实现最高的功效，并以这种功效为人类进步作出贡献，那么他就会感到很满足了。然而，在种种虚情假意的背后，他的全部目标实际上是——为了权力与服务(power and service)而加强训练。

不过，如果没有卢梭主义者的增援，培根主义者在破坏人文标准方面相对来说就不会产生那么大的影响力了。科学自然主义者和情感自

---

① 旧时欧洲建于市场中用来张贴告示和宣读命令等的十字形建筑。

然主义者在许多观点上都形成了尖锐的冲突,但在教育观上却经常会奇怪地达成一致。举个例子,最纯粹的科学人道主义者斯宾塞①有一本论教育的著作,如果我们把这本书和卢梭的《爱弥儿》相比较,这种一致就看得很清楚了。事实上,斯宾塞总是被认为直接借鉴了卢梭的观点,②但斯宾塞的私人秘书最近出版了一本关于卢梭的书,坚称斯宾塞先生从未读过卢梭的《爱弥儿》。③

尽管这两种类型的自然主义者的观点如此不同,我们仍然可以这么说:在推翻人文主义的过程中,卢梭的"自由"观一直有力地支持了培根的"科学进步"观。事实上,培根先生就我们今天所说的选择原则所作的发言,显示出他更像是一位敏锐的观察者而非一名科学人道主义者。他说:"让父母适时地为自己的孩子选择他们认为应该选择的课程和职业,因为孩子们是最具可塑性的;父母不要过多干涉孩子的安排,孩子自然会精心处理自己最关注的事情。确实,如果孩子的爱好与才能都出类拔萃的话,最好别去横加干涉。总体来说,这一警句还是不错的:选择最好的,而习惯将使之变得惬意和容易(Optimum elige, suave et facile illud faciet consuetudo)。"

所有这些听起来并不像艾略特校长所说的话,虽然艾略特校长无论在性情上还是在进步观念方面都是一位突出的培根主义者,只有当

---

① 斯宾塞(Herbert Spencer,1820—1903),英国哲学家、社会学家,将进化论引入社会学,提出适者生存说,著有《社会学研究》等。

② 例见格里亚(O. Gréard),《教育与指导》(Éducation et Instruction),第2卷,第175页及以下。——作者原注

③ 哈德森(W. H. Hudson),《卢梭与自然主义:生平与思想》(Rousseau and Naturalism in Life and Thought),第206页脚注。——作者原注

他这种培根式的进步观念得到自由观念的补充时,法国著名教育作家康帕耶(Compayré)先生才有理由说他是卢梭的门徒。① 毋庸赘述,艾略特校长的个性和品格与培根或卢梭均无关联,而是完全来自最优秀的清教传统。但在如下发言中,艾略特校长却表现为一位纯粹的卢梭主义者:"一个受过良好教育的十八岁青年,与任何大学教员相比,或者与任何不了解他和他祖先及从前生活的聪明人相比,都可以更好地为自己选择学习的课程。……每个十八岁的青年都是非常复杂的个体,从来都没有过与他完全相同的人,这样的人将来也不会有。"②学生可以完全根据自己的性情及独特需要作出自己的选择,这里完全没有了普遍标准,没有了人文主义者一贯坚持的个人选择所应遵从的人之法则。与一个大学二年级学生的爱好相比,一切时代的智慧都变成了毫无价值的东西。任何对这种爱好的制约都是一种不合理的限制乃至一种不可容忍的专制暴政。然而,即使是一个"受过良好教育的十八岁青年",他对自身及自身才能的看法很可能也会随着某一时刻的印象而动摇改变,因此我们或许可以把上述教育观命名为"教育印象主义"(educational impressionism)。不过,这种与普遍的人类的感觉相对、独尊个体感觉的做法并非产生在卢梭之前。在进一步讨论之前,且让我们听一听艾略特校长本人对于卢梭及其在教育方面的地位的看法。以下是艾略特校长为国家教育协会所作演讲的部分摘录:

---

① 康帕耶(G. Compayré),《卢梭与自然教育》(Rousseau et l'Éducation de la Nature),第98—99页。——作者原注
② 《教育改革》(Educational Reform),第132—133页。——作者原注

巴特勒(Butler)博士认为卢梭为促进教育进步作出了伟大贡献,这是相当公正的。这位伟人一生都在为了人类的自由而工作,这一事实几乎神化了一个可憎的卑鄙小人。您是否知道,卢梭曾经怎样对待他的五个幼儿?完全无视妻子的哭泣和祈求,他把孩子们一个接一个地送到了公共孤儿院,尽管他知道以当时弃婴院的环境,孩子们的唯一结果只能是死亡。然而我们仍然坐在这里,听着对那个卑鄙残忍之徒的溢美之词。对这同一个人的两种不同评价又都是公正的,对此我们应该如何解释呢?我们只能说,他将自己智力生活的主要工作与人类自由的伟大思想联系了起来,而为自由服务必然会掩盖个人的诸多罪恶。希望大家所有的工作都是为了自由与人性而服务,同时没有需要掩盖的罪恶。①

阅读以上这段文字的时候,我们很容易在心理上产生一种奇特的感觉,就如同我们阅读麦考莱论培根一文的感觉一样。卢梭是一个"可憎的卑鄙小人",同时又是一位光荣的自由奠基人。现在证明这一点再容易不过:如果说卢梭真是一个可憎的卑鄙小人,那正是他的自由观念所造成的。培根的道德败坏与此同理,他并不是"尽管"确立了进步观念而道德败坏,而恰恰是"由于"他的进步观念而道德败坏。

有人说过,一种哲学体系常常只是人们用来自欺欺人、隐藏其最钟爱的罪恶的巨大脚手架。卢梭的整个体系有时会令人产生这样的印

---

① 《国家教育协会纪要》(Proceedings National Educational Association),1900 年,第 199 页。——作者原注

象:他总是试图证明自己惧怕任何形式的原则与约束是大有道理的。培根有一句话似乎特别适用于卢梭,他说:"某些惯于自我愉悦的头脑,对任何约束都异常敏感,几乎会把身上的腰带都看成是束缚与枷锁。"培根可能会说,由于急着除去每一种束缚,卢梭时刻准备着篡改美德本身。美德不再是人格中的否定性力量,不再是对个人冲动的约束,也不再是一种强加于个人内心的艰难挣扎。卢梭坚称这些冲动都是好的,所以一个人就应该随心所欲。美德不再是独处时内心深处的细弱呼声,也不再提出自我约束的要求,美德现已成为狂热的一种形式,它将要被提高到与热情同样高贵的地位——正如大仲马①声称自己将历史提高到了与小说同样高贵的地位一样。卢梭曾经崇高地说道:"如果我不具备美德,我至少为美德所吸引。"卢梭与古代智者是不同类型的道德印象主义者,后者的道德印象主义源于过分灵活多变的理性,而卢梭的道德印象主义则是由于他将美德建立在了个人感受的流沙之上。和柯勒律治②一样,如果任何事物对他而言呈现为一种责任或义务,那么这一事物就是不可忍受的。他绝不会听从任何凌驾于个人感受之上的行为标准。

下面一段话的主旨曾在卢梭著作的众多段落里反复出现:"迄今没有任何事物能够征服我不屈不挠的自由精神。……当然,我的这种自由精神更多的是源于怠惰,一种超出信仰的怠惰,而非源于自满。任

---

① 大仲马(Alexandre Dumas, père, 1802—1870),法国作家,主要作品有小说《三个火枪手》《基督山伯爵》等。
② 柯勒律治(Samuel Taylor Coleridge, 1772—1834),英国诗人、评论家,与华兹华斯合著《抒情歌谣集》,开创英国文学史上浪漫主义新时期。

何事物都令它警惕。文明生活中最微不足道的责任对于它来说也是难以忍受的。一句不得不说的话,一次拜访,一封要写的信,只要变成了一种义务,这对我来说就是一种折磨。这就是为什么日常人际交往令我生厌,而亲密的友谊之所以宝贵,也正是因为它不涉及任何责任。所有人都应该随心所欲,这也解释了我为什么如此害怕受到恩惠,因为每一项恩惠都要求回报以感激,而我觉得我有一颗不知感激的心灵,原因正在于感激是一种责任。"① 这段文字的其余部分同样具有指导意义,但我们引用的部分已足以阐明卢梭的自由观念与他拒绝承担身为父亲的责任之间的关系。这段引文同样让我们明白了,艾略特校长在教育实践中仅仅吸取运用了一半这样的自由观念。和卢梭一样,他要把学生从所有的外部约束中解放出来;和卢梭一样,他否定有一种普遍的标准、一种"人之法则",亦即个人应该接受的规范。但艾略特校长给予学生全部卢梭式的自由,显然是希望学生以培根式的精神来运用这种自由,如果学生们像卢梭本人会做的那样趁机从中享受"愉快的怠惰",他们就不会从这种解放中受益。他们应该根据个人的兴趣和能力以极大的精力投入工作,然而不幸的是,我们的很多本科生在这一方面都是比艾略特校长本人更为彻底的卢梭主义者。艾略特校长身为最勤勉的人之一,或许没有充分考虑到普通人性中的巨大惰性(*vis inertiae*)。和苏格拉底一样,这个最理性的人也低估了非理性的力量。学校提供了如此昂贵而丰富的选修科目以满足十八岁青年的"无限多

---

① 《致马勒泽布的信》(*Lettre à M. de Malesherbes*),1762 年 1 月 4 日。——作者原注

样性",然而这些年轻人却几乎全都选择去上少数的几门大课,艾略特校长看到这些,一定会多少有点失望吧。① 很多本科生都在利用选修制度,他们不是根据自己的特殊兴趣去努力学习,而是以最小阻力为标准懒散地完成大学学业,如果艾略特校长看到这些,一定会感到极为失望。某位通俗哲学家曾经说过,一个人可以想有多懒就有多懒,如果换成这样的表述——十个人中有九个人想有多懒就有多懒,那么他就更接近伟大的真理了。选修制度常被看作是对原初堕落说(the doctrine of original depravity)的一种反抗。这种学说最多具有某种形而上学的基础,但很难在实践中加以证明。佛教徒们的认识也许更接近我们所知的事实,他们信仰的基础并不是原初的堕落,而是人性本身原初的怠惰(the original laziness)。② 卢梭就此具有相同的洞见:"几乎无法想象人天生会懒到什么程度,他最早的也是最强烈的激情(仅次于求生本能)就是什么都不做。"③华兹华斯也回应卢梭说(正如他经常所做的):"高贵的怠惰与人之天性如此亲近。"(每个在大学教过书的人都愿意再加上一句:与本科生们的天性尤为亲近!)这种怠惰对于佛教徒来说是避之不及的原始诅咒,但对于卢梭来说却是朝思暮想的世外桃源。

---

① 我无意断言大课的难度最小,而仅仅是因为这些课程是在以下各种基础上展开的:功利主义的、印象主义的,或仅仅是社交的,即想要做"别人都在做"的事情。有时这些课程也会在人文主义的基础上进行,因为它们能够在标准的分类科目下得到有力的督导。——作者原注

② 佛陀认为,最大的恶就是懒惰地屈从于性情(*pamāda*)的种种冲动,最大的善(*appamāda*)就是恶的对立面,即从怠惰昏聩的感官中觉醒,并不间断地锻炼活跃的意志。佛陀在临死前对自己的门徒所说的最后遗言,就是劝告他们要毫不松懈地实践这种美德(*appāmadena sampādetha*)。——作者原注

③ 《论语言的起源》(*Essai sur l'origine des langues*),第 ix 页脚注。——作者原注

在这一点上,我们还需要作一些重要的区分。我们都听说过公众热衷作出的那种令人不快的比较:他们拿懒散的文科本科生和勤奋的工学院学生相比较,或是比较同一个学生的变化——他在文学院时十分懒散,可当他转到法学院或医学院之后,就突然变得勤勉起来了。但是,佛教徒所谴责的那种懒散极为微妙,仅仅依靠勤勉是不足以补救的。对于忙碌的培根主义者来说,我们的学院科系并无不足之处,他们不免会漠视那些折服于"高贵的怠惰"之魅力的学生。如果培根主义者在学院里站稳了脚跟,他们就会清除学院中的懒惰行为,与此同时也很可能会清除掉自由文化(liberal culture)的全部理念。培根主义者所关注的,是为了得到权力、为了得到某种实际的或科学的结果而不停地训练。所以,学生们在接受技术或职业训练的时候,如果认识到这与他们将来的生活有着明显的联系,自然会时常受到极大的激励。(即便是卢梭也承认求生的本能可以战胜惰性。)在任何具有相当数量的人群当中,要激发他们热爱那种一视同仁的加诸心灵的约束,并让他们感觉到游手好闲与悠闲之间的区别,这在任何时候都是非常困难的,而由于选修制度所导致的各项标准的削弱以及对印象主义的鼓励,这一困难又大大加剧了。

如果自由文化的理念一方面受制于完全忽视"人之法则"的培根主义者,另一方面受制于将这一法则与自身性情相混淆的卢梭主义者,那么这一理念就几乎不可能存活下来。在人文主义者眼中,对于人来说,重要的不是他作用于世界的力量,而是他作用于自身的力量。当他的力量作用于自身的时候,如果能以人文的选择标准或以大致相同的真正约束性规范为指归,那么这同时也就是他所能担当的最高和最难的任务。一个人更多的是通过正确的选择而非广博的知识与同情来证明自己本质上的优越,并且他将以此表明自己不仅仅代表了一股自然的力量。人们考查一个人,不但要看他做了什么,还要看他克制自己没去做什么。比如一个作家之伟大,不单单要看他说了什么,还要看他省略未说的东西。人文主义者坚称力量与意志之间有所区别,尽管现代人在很大程度上会忽略这一点。一个人可以精力过人,同时在精神上却惰性十足。拿破仑通过征服欧洲显示出了他的力量,但是如果他能在那个关键时刻克制住自己的权力欲(libido dominandi),他展现出来的就是自身的意志。佛经有云:"如一人于战争中征服了亿万之众,而另一人只征服了自身,则后者为最大之征服者。"如果一个人能够克制自己的某种能力甚至是他的主要能力,控制他的情感甚至是喷涌勃发的情感,并且在这些能力与情感发展到最高峰的时候用相对立的因素来制约它们,那么他就最为符合人之为人的标准了。

为了使上述意思更加明确,现在我们不妨暂时把话题引入文学领域,考察一下自然主义批评家们对一位作家的态度,这位作家即是被马修·阿诺德称为"人类中最具人性的"莎士比亚。根据我们的定义,人文主义者须在同情与选择之间保持正当的平衡。当然,没有人会否认诗人莎士比亚在同情方面所具有的天赋,他写出了所有表达同情的诗句中最为熨帖的一句——"人类友爱的乳汁"。但是科学自然主义者和情感自然主义者都力图否认莎士比亚同时也具备选择与克制的原则,而他们这样做只会剥夺他的人文特性。例如维克多·雨果在他论莎士比亚的著作里（该书实际上只是雨果为自身及其艺术所作的伪装得极差的辩护），像卢梭主义者那样津津乐道着莎士比亚的天才是泰坦巨神般的、表现自然力量的、纯属情感的火山爆发。雨果说："莎士比亚属于上帝有意放任的不受任何羁勒的天才，那样的天才可以自由地展翅飞翔，游弋于无限之中。"泰纳①则是一位科学自然主义者，他把莎士比亚看成纯粹的文艺复兴的产物，而文艺复兴在他看来则代表了不受限制的能量的喷薄奔涌。他和雨果一样，强调莎士比亚本人及其剧中人物的暴力与不节制倾向。然而想想剧中哈姆雷特给演员们的建议吧："在你们激情横溢的激流当中，雷雨当中，我简直要说是旋风当中，你们也必须争取拿得出一种节制，好做到珠圆玉润。"②总的来说，莎士比亚始终遵守着自己这句箴言，尽管我们必须承认，有时如果加以更严肃的选择与制约，他的艺术还可以更进一步。如果我们希望寻找纵横恣肆的不羁热情，我们不应在莎士比亚那里去找，而是应该去看看维克多·雨果笔下的某些角色。正如一位法国批评家所说，如此这般展现出来的不受任何礼仪制约的狂热在文学领域中根本没有立身之地，而是应该打发到巴黎植物园（*Jardin des Plantes*）的动物展览（menagerie）中去。

　　许多批评家都抱怨莎士比亚的作品缺少宗教感。持这种观点的人

---

① 泰纳（Hippolyte Adolphe Taine, 1828—1893），法国文学评论家、历史学家、实证主义哲学家，著有《英国文学史》《艺术哲学》等。

② 此处采用卞之琳译文，见《哈姆雷特》第3幕，第2场。

很多,其中包括像爱默生和桑塔亚那①教授那样迥然相异的人。确实,与其他大诗人如荷马、索福克勒斯和但丁相比,莎士比亚笔下所呈现出来的世界给人的感觉并不是一个宇宙,而更像是一种浪漫主义的混沌状态。也许莎士比亚作品中表现出来的人性战胜神性的内容,恰可衡量文艺复兴对于中世纪的那种反拨力量。但是,由于莎士比亚没有充分考虑到宗教及其赋予生命的那种中心统一感,因此他未能完全达到人文的目标。不过,托尔斯泰对莎士比亚的奇怪苛评及其重弹莎士比亚"缺少宗教感"这一批评老调属于比较特殊的一种情况,这与我们当前的话题直接相关。从根本上说,莎士比亚与托尔斯泰之间的争辩实质上是一个人文主义者与一个狂热的人道主义者之间的争辩。托尔斯泰作为公开的卢梭信徒,②宁愿彻底压制选择的原则,大声歌颂同情的原则(即某种宣扬人类兄弟友爱的宗教)来取代前者。他不能原谅莎士比亚,因为后者的智慧只是面向少数人的,对生命的看法从总体上讲也是选择性的、贵族式的。

一个人文主义者在警惕过度的同情的同时,也在防范过度的选择。他警惕过度的自由,也防范过度的限制:他会采取一种有限制的自由以及有同情的选择。他相信,今天的人如果不像过去的人那样给自己套上确定信条或纪律的枷锁,至少也必须内在地服从于某种高于普通自

---

① 桑塔亚那(George Santayana,1863—1952),西班牙哲学家、文学家,批判实在论代表之一,曾任教于哈佛大学,著有《理性的生活》、小说《最后的清教徒》等。
② 见托尔斯泰1905年3月20日的信:"从我十五岁起,卢梭就成了我的导师"等等(Rousseau a été mon maître depuis l'âge de quinze ans, etc.),载《卢梭学会年鉴》(*Annales de La Société Jean-Jacques Rousseau*),第1卷,第7页。——作者原注

我（ordinary self）的东西——不论他称之为"上帝"，还是像远东地区的人那样称之为"更高自我"（higher Self），或干脆就叫作"法"（the Law）。假如没有这种内在的限制原则，人类只会在各种极端之间剧烈摇摆，正如卢梭所说的那样，对他自己而言，"一切（everything）与虚无（nothing）之间不存在任何中间项"。从另一方面来说，有了真实的限制，人就能够协调各个极端，并栖居于这些极端的中间地带。卢梭由于拒绝接受对感官欲（libido sentiendi）的任何抑制，于是就提出用对同类的同情来代替宗教义务，①而且还把这种同情与个人权利和自由的强烈要求结合了起来。为了鼓励人们把个人权利置于个人义务之上，他还提出了这样的设想，即由此导致的不加限制的个人要求将在无限的兄弟友爱中得到充分的制衡。但是，同情的原则能够独力战胜卢梭释放出来的人类自私的根本性力量吗？政治经济学家们的回答是肯定的，如果同情原则要对付的是一种经过适当教化疏导的自私行为，那么同情原则应该能够取得胜利。但不幸的是，我们对人道主义者所进行的全部研究表明，他们认为同情性的利他主义与"开明自利"（enlightened self-interest）的天才混合可以代替宗教节制，就好比是在物理层面研究永恒

---

① 我当然意识到了，关于同情的哲学理论在现代有着与卢梭无关的重要历史。培根曾力图高扬"博爱"的地位，将之置于其他一切美德之上。英国的思想家们，如哈钦森（Hutcheson）以及夏夫茨伯里（Shaftesbury），在很多重要方面都超前于卢梭，不但是在同情的理念方面，而且就其全部的道德审美主义（moral aestheticism）而言也是如此。休谟和那些政治经济学家们（如亚当·斯密等）在同情理论方面赋予卢梭的地位，我们倒不如拿来赋予这些思想家们。至于将怜悯拔高到道德的最高层面，人们常常会归诸叔本华，但叔本华本人却宣称，这项伦理学上的创新，其荣耀应属于卢梭。《关于道德基础的颂赞集》（*Preisschrift über die Grundlage der Moral*），第2版，第4卷，第2、246页。——作者原注

运动的奥秘。在宗教节制缺席的情况下,不但个人而且整个社会,都将在相反的两极之间剧烈摇摆——就像我们现在所看到的那样,在无政府的个人主义与乌托邦式的集体主义之间来回游移。虽然我们有着充沛的人与人之间兄弟般的美好情感,但我们显然已在不可避免地向帝国主义式的集权化(imperialistic centralization)靠拢。因为正如一位法国伦理学家所云,人要么是责任的奴隶,要么就是力量的奴隶。在古代神话中,普罗米修斯为暴力与强权(即宙斯的两位特使)所俘而被迫"终止他的爱人类之行"①。同样的事情也很容易发生在我们现代的普罗米修斯式个人主义者身上。

这个问题现在变得多少有些模糊起来,因为一个时代如果具有明确的信条与训练,其道德习惯在这个信条本身过时之后仍会继续存留一段时间。正如勒南曾这样自嘲——"一个小鸡即使完全没有了脑子,还是会继续做一些觅食的举动",以解释自己为何在失去传统信仰之后仍然要保持美德。但传统的制约与限制会逐渐失去效用,到那时社会就会感到(实际上它早已开始感觉到)野蛮的自然主义在各个方面所施加的影响了。

我们已经陷入了道德印象主义,但物理学方面的飞速发展却使得人们对此视而不见。我们常常会这样设想:自己在某一方面得到了飞速发展,那么在所有方面都会飞速发展。但从我们所了解的历史人物来看,恰恰应该朝相反的方向去设想。不论抽象的进步观念在多大程

---

① 埃斯库罗斯(Aeschylus),《被缚的普罗米修斯》(Prometheus Bound),第1幕。——作者原注

度上是正确的,就一般美国人对它的理解来说,这一观念都很可能只是一种危险的迷恋。我们认定科学一定会创造出一个新的天堂,因为它显然已经创造出了一个新的人间。因此我们会想当然地轻视关于人性的知识——过去的时代虽然具有这一知识,但却对电的原理一无所知,与此同时我们便无视于这样一个事实:虽然我们精通电力原理,却对人性法极为无知。事实上,我们当中最乐观的人也不会看不到目前道德败坏的某些征兆。然而,人们还不是每年都将七千五百万美元花费在汽车上,还想着很快就可以成功研制出宇宙飞船来?有了这些伟大的成就,我们为什么还要为不断增多的谋杀、自杀、发疯、离异而焦虑,担忧所有成倍增长的、我们文明中的严重甚或致命的偏差所暴露出来的症状?现在人们已经为此受到了应有的惩罚。这些困扰着我们心灵的疑问可以像变魔术一样,念一声神奇的"进步"咒语便可一扫而光。几年前一个星期天的晚上,我走在新英格兰一个偏远乡间的小路上,路过一家农舍的时候,我透过窗户看到那家人围着灯光,每个人都在专心致志地看一本"黄色杂志"①。我想到在数年以前,那样的家庭在星期天阅读的东西应该会是《圣经》。从《圣经》到漫画增刊,这一进步就像是从宗教制约发展到了一种无政府状态与愚蠢白痴的混合物一样。

不能把我刚刚所说的话看作是一个反动分子对现代精神的责难。没有一个神志清醒的人会有意贬低文艺复兴以来科学所取得的巨大成就,更没有人会贬低两个世纪以来同情之伟大而迅速的扩展,它扩展到了一切无特权者,其中不仅包括人,甚至还包括动物。科学越进步,社

---

① yellow journal,指追求低级趣味、耸人听闻的报刊。

会怜悯越多,整体就会越好,但以下情况除外:培根主义者要用量化的和力学的标准来代替人的标准,或卢梭主义者要提升社会怜悯以取代宗教制约的地位并将之作为人性的拱顶基石,当这些东西被视为绝对的和自足的,"人之法则"在这两种情况之下便都遭遇了困境,特别是在卢梭主义者那里遇到的困难最大,因为在那里还存在着过去所说的世俗美德与神学美德杂糅而成的无以名状的混合物。布儒尔(Brewer)法官在最近的一次演讲中说,如果爱的法则能够在商业中传播开来,我们就没有必要设置监狱,也不会有盗用公款的银行出纳员,也就没有个人或企业的欺诈行为了云云。这纯粹是胡思乱想,是人道主义的白日梦。即使商界在狼群的法则之外还应接受别的什么法则的统治,那也绝对不会是爱的法则,而应该是十诫,特别是"汝不可偷盗"那一诫命。

在世俗事务上不加限制地运用爱的法则,其结果将不是爱而是其反面——恨。① 不加限制的自由也是一样。艾略特校长在赞美卢梭所谓的自由的时候,其实称赞的是无政府主义者的自由,这并非因为他本人是一个无政府主义者,而是因为他属于这样一个时代:在这个时代,人们对自由的好处相当敏感,因而对限制的好处视而不见。不过现在还不是深入讨论柏克②所谓"自由之巨大充溢的情感"的最

---

① 最近在斯图加特以人类友爱之名义召开的国际社会主义者大会(The International Congress of Socialists),就被各界报纸形容为一场"辱骂大战"。——作者原注

② 柏克(Edmund Burke,1729—1797),英国辉格党政论家、下院议员,维护议会统治,反对法国大革命,著有《法国革命论》等。

佳时刻。艾略特校长确实会令人想起波舒哀①关于马库斯·布鲁图斯②所说的一句话。波舒哀说：布鲁图斯在应该强调制约的时刻不停地宣讲自由，其实强调制约本身是有益于自由的。在当时的罗马，自由早已走向极端而处于转向其反面即军事专制的临界点上。只有一个教条主义者才会否认自由在这个国家③同样已经膨胀到了极限，目前正在向相反的方向转变。我们面临着同样的危险，即自由"患上了急症并因自身的过度发展而走向死亡"。例如就我们的铁路建设而言，从宁愿投机取巧也不愿遵守规则的最底层雇员，到大闯红灯、各行其道、高高在上的总裁与金融家，缺乏纪律与自制是所有人面临的问题。

　　面对这个危机，我们急需的是人文的约束性原则，而那些情感的人道主义者与科学的人道主义者这时所能制订出的最佳方案，仍然仅仅是为权力与服务而进行训练。不幸的是，一个人可以为权力与服务接受训练，但他仍不过是一个博爱的无政府主义者。席勒的《强盗》（1781）写于德国大受卢梭影响的时代，其中的一个强盗把自己的首领不但夸耀成了一个自由的先驱，而且还是个洋溢着同情心的人："这样的头儿，高贵的人都不会以服从他为耻。他不像我们那样为了抢劫而杀人。说到钱，当他手中有了大把的钱，他好像就对钱不屑一顾了。他

---

　　① 波舒哀（Jacques Bossuet，1627—1704），法国天主教主教，拥护天主教统治，反对基督新教，著有《哲学入门》《世界史叙说》等。
　　② 布鲁图斯（Marcus Brutus，前85—前42），罗马贵族派政治家，刺杀凯撒的主谋者，后逃往希腊，集结军队对抗安东尼、屋大维联军，战败自杀。
　　③ 指美国。

还会将战利品的三分之一——这当然是应该属于他的——施舍给孤儿,或用来资助大学里有前途的年轻人"等等。似乎我们完全没有必要去比较这种"博爱"的土匪和我们今天的某些工业巨头(基德船长①)之间的相似性。最近人们可以在报纸上读到美国最富有的人的慈善举动,但就在同一期报纸的另一专栏中,我们又会看到这个人因为违法而被提起了公诉。我们不必怀疑洛克菲勒(Rockefeller)先生服务于大众的真诚愿望,同时他为了权力而进行的训练之成功也无可置疑。同样,哈里曼(Harriman)先生在管理南太平洋与联合太平洋铁路公司方面也显示出了惊人的效率,他就某些方面也在真诚地帮助自己的同胞。不过,要是像哈里曼这样的人稍微再多一些,我们就完蛋了。

现在提到这些人,并非想暗示我们对他们目前所遭受的诸多攻击颇为同情。波士顿最近有人在讲演中说,罗杰斯(Rogers)与洛克菲勒都不是人,而是"人形的食尸鬼和吸血鬼"。这一切都将以真正的卢梭风格大行其道,并在社会中建立起一种虚幻的二元论来取代个人内心深处真正对立的二元。今天,邪恶的资本家代表了社会中恶的原则,正如过去的革命时代邪恶的国王和教士代表了社会中恶的原则:他们都被视为与其他人相异的一类。其实,罗杰斯与洛克菲勒先生不但是人而且还是典型的美国人,他们以超人的能力完成了他们那个时代大多数商人想实现的事情。否认这一点,就是将我们本该进行的对我国成功标准的迫切探究变成对财富的半社会主义式的讨伐。

---

① 基德船长(Captain Kidd,1645—1701),英国著名的海盗船长。

当然,"博爱"的无政府主义者比甚至连"博爱"都没有的无政府主义者要可取得多。不过,至少已经有一部分公众逐渐模糊地意识到,一个克制着自己权力欲望的富人,与一个不克制自己同时却捐钱"资助大学里有前途的年轻人"的富人相比,前者显然更得要领。我们需要的不是为了权力与服务进行训练,而是为了智慧与品格而进行训练。最近有一项发给女子学院毕业生的调查问卷,内容是关于某些美德的相对重要性的问题。大多数人十分肯定地回答说,人类之爱是比自我控制更为重要的美德。对于一个刚刚迈出校门的年轻女子来说,这种对人性的看法还是可以谅解的。但是如果当前引导公众舆论的人也持同样的观点,我们又该作何想呢?一个人首先应该表现出他可以作用于自身,然后他才会有足够的时间去作用于其他人乃至整个世界。如果别人告诉我们不应考虑自身,而应完全为他人活着,我们就应当用约翰逊博士的话来回答他:我们应当努力清除自身思想中的虚伪,而每个时代都有其自身特殊的虚伪花样。在这个"博爱"的时代里,首先应当清除的就是我们思想中"博爱"这一虚伪的托词。

我们的博爱主义者为黑人和报童们所作的急切努力就其本身而言是好的,然而如果一个社会希望通过为黑人和报童做些事情而得到拯救,就无异于想要抓着自己的鞋带离开地球。人类确保安全的真正希望在于引领未来的哈里曼们和洛克菲勒们首先使自己的灵魂获得自由,即自身受到正当的教育。从某些方面来说,具有洛克菲勒及哈里曼那样杰出才能的先生们已经显示出他们的能力是"天生的"而非"制造"出来的,一旦他们出生,将主要依靠其教育的人文性来决定他们未来是英雄还是枭雄。我们知道,苏格拉底训练年轻人的目的不是要让他们拥有杰出的能力,而是要启发他们的自我节制与敬畏之心。因为,在苏格拉底看来,让青年们拥有杰出的能力而不具备自我节制与敬畏之心,这简直就是在给他们配备作恶的利器。①

---

① 这里总结的内容见色诺芬(Xenophon),《回忆苏格拉底》(Memorabilia),第4卷,第3章。——作者原注

第三章　大学与民主精神

在得出关于人文主义者的有效定义并界定了两大类型的人道主义者之后,现在我们应该来考察它们与大学的关系了。情感的人道主义者渴望建立一种纯粹的不受限制的自由,在这一愿望的激励下,大学的选修制度力求使科目选择彻底个人化,从而与大学赖以立足的原则背道而驰。1790年,柏克针对卢梭的一群法国信徒(当时那些人正试图确立一种纯粹的不受限制的政治自由)写道:"建立一个政府并不需要多么审慎。……给予自由更加容易。……但是要建立一个自由政府(free government),即在前后一贯的工作中协调自由与约束这些相互对立的因素,这需要大量的思考和深刻的反思,以及有远见卓识的、强有力的、融合各方因素的头脑。"这才是真正的人文主义的观点。这种观点不仅适用于政治,在教育方面也同样有效。像中世纪的教育者那样确立纯粹的约束是很容易的,同样地,像当代激进主义者们所做的那样,建立纯粹的自由也非常容易。但是要在教育中协调自由以及约束,那就需要"有远见卓识的、强有力的、融合各方因素的头脑"。建立无限制的自由的那种企图,不仅是在破坏大学立足的基础,而且从某些方面来说也是对常识的公然蔑视。尽管盎格鲁-撒克逊人总是被认为可悲地缺乏普遍性的观念,然而常识却是他们的强项,他们早就对走向极端的选修制度形成了一种反动。比如80年代和90年代流行于哈佛的自由放任(laissez faire)的教育原则现在显然即将寿终正寝。哈佛目前采用的荣誉学位(degrees with distinction)新方案是与纯粹自选制度的一次重大分离,这已开始向分组体制(group system)靠拢,而后者已然得到了诸多美国教育机构的支持。就其本身来看,分组体制是个体倾向和普遍标准之间达成的公平妥协。但如果我们不准备过早地走向专门化,这一制度的实施管理显然必须交给那些同情美国大学办学目标的人,而不是那些学术理想带有"德国制造"印记的人。要实现人文目的,自由必须与真正的制约调和起来,而这不是仅通过艰苦努力就能达到的。我们必须再一次强调:我们的力量与意志是有区别的。

真正的制约原则常常借重更为普遍的人之法则,而不仅仅关乎个人自身的禀性与天资。它不仅隐含着个人试图表达自己思想的那种渴望,而且还会把这一思想与爱默生所谓"人类的永恒思想"协调起来。人道主义者在大学中的胜利已经削弱了这一人文的制约与选择。作为一种离心力量,这种胜利一方面提升了同情的原则,另一方面也提升了"事物法则"中的科学法则与律令。面对卢梭主义者的印象主义以及培根主义者对一切本不能用数量和力量来表述的事物的忽视,那种关于质量的观念(idea of quality)以及卓越人性的更高客观标准的观念都作出了同样的让步。如前所述,大学本应被界定为一个为塑造社会精英而悉心选择研究方向的场所,但就其目前的倾向而言,大学不妨被定义为可以让任何人做任何事情的某个东西。

这恰恰就是我们引以为荣的民主精神的胜利——一种旨在满足学生求学之民主需求的民主。而"民主精神"不过是又一个流行的口号罢了,这些口号使智者和演说家们兴高采烈,却使严肃的思想者们深感绝望。确实,就消除一切家庭背景与等级差别而言,大学当然应该实现民主化。我们不希望美国的大学里出现萨克雷①所描述的那种大学里的势利小人(university snobs)。势利小人可以被定义为这样一种人:他在估量事物的时候远离了事物真实的内在的价值,而迷惑于外在的财富、权力或地位带来的利益。当然存在这样的人,他们会匍匐在那些财富、权力或地位的占有者的脚下,而那些优越的人也会俯视这些没有自己幸运的家伙。在美国东部的某些学院中,阿谀权贵家庭的情况的确存在,但并没有走到危险的地步。我们大学里那些豪华的学生宿舍和俱乐部表明,铺张浪费、挥霍钱财的情况确实存在,但是就整体而言,美国大学中对财富的势利行为相对比较少。我们想一想,对于财富的趋奉在全国范围内是多么普遍,那些低级杂志对富人的攻击反而助长了读者的势利心态,相形之下,大学的情况已经很令人知足了。在我们的大学中还有一种意愿同样值得称赞,那就是让每个人都得到一次机会。事实上,大学院系中更具人道主义精神的成员们很乐于花费精力,根据学生们的能力而非出身帮助他们超越自己原来所属的层次。

我们从报纸上得知,有四十名耶鲁大学的学生通过当汽车司机和

---

① 萨克雷(William Thackeray,1811—1863),英国小说家,作品多讽刺上层社会,主要作品有长篇小说《名利场》《潘登尼斯》等。

电车售票员来维持生计,还有四十多名学生正在夏日旅馆里当餐厅服务员和侍者,不过,仅凭这些信息不能让我们得出大学里一定没有势利作风的结论。在美国大学生中真正流行的那种势利作风并不是对家庭背景或财富的崇拜,而是对一种特殊形式的能力即运动才能的崇拜。普通美国本科生对运动才能的评价,与他们对学术成就的态度相比,称得上是趋炎附势,而且报刊和公众还会鼓励这种做法。如果预科学校的校长竟将教师的职位给了这样一个年轻人——若非他在运动方面表现突出,他就连学位都拿不到——那么这个校长就是一个极其可恶的势利之徒,至少和以前牛津大学的指导教师为那些未正式参加考试的贵族们授予学位一样令人反感。事实上,与英国人对贵族的谄媚相比,美国纵容运动员对人文标准的损害更加严重。牛津的学生仍然保持着非专业人士的那种孤高倨傲,他们仅仅把体育运动视为个人与绅士整体塑造过程中的一个次要因素。而美国的大学生则把运动当成他们的最终目标,并以真正培根主义者的方式膜拜胜利的光环。他不惜一切代价,急于追求胜利,早在足球场上便显示出日后展现于商场的那种精神。在大学这样的社区里,人们本应向思想的产物表示敬意,但实际上却成了向成功的运动员顶礼膜拜——这真是任何关于民主精神的美妙说辞都无法掩盖的一种反讽。有人曾振振有词地这样反驳:现代生活的诸多影响都在削弱着人们的力量,因此我们需要这种体育训练作为补偿。但是,如果没有约束性的人文标准的存在,人们就有可能在阴柔和野蛮之间摇摆,无法把握真正的男性气概。

大学所需要的民主精神是公平竞争,无偏无袒。它的要求越严格、越具有选择性便越好。然而,大多数谈论民主精神的人显然说的是完全不同的事情。所有和大学制度有关的人都深知情感类型的人道主义者是怎么回事:他们心中已经丧失了同情与判断之间的微妙平衡,他们宁愿降低学校的标准也不愿个人付出任何显著的努力。总体来说,人道主义者倾向于把大学看作是提高多数人的手段,而非对少数人进行彻底训练的场所。简而言之,他的目的是扩张型的而非精专型的。他总是支持能使更多人获得学士学位的方案,哪怕这种做法会降低学位本身的含金量。卢梭主义者在宣扬社会同情的时候,实际上混淆了人类有意义的增长和纯粹的规模扩张,在这一点上,他们与培根主义者可谓殊途同归。我们这个国家逐渐成形的三年学位制和牛津已经存在的三年学位制,体现出了人道主义者和人文主义者的不同心态,并形成了有趣的对比。在牛津,差一些的学生可以在第三年末拿到一个普通学位,更有能力的学生再集中学习一年可以拿到一个荣誉学位。但在我们这个国家,好学生被鼓励在第三年结束的时候离开学校,而那些差一些的或比较懒惰的学生却留下来接受一帮人道主义教师的卖力培养,以此来配合拯救笨蛋、提高社会平均水平的伟大事业。在此科学人道主义者常常还会插上一手,建议我们设计一个机械的换算方案:根据这个方案,一个在四年中修了十五门课、作出二流成绩的人,和一个在三年中修了十二门课、作出一流成绩的人,可以被计算成具有同样的学术水平——就混淆人之意义上的"质"与科学意义上的"量"来说,我们很难想象还有比这更糟糕的例子。只有证明人脑可以和电流一样来测量和检验,上述设计方案才会是有价值的。

从某种意义上讲，大学的目的并不是要鼓励民主精神，相反，是要制衡向纯粹民主转变的趋势。如果我们对人文主义所作的定义是有价值的，便可明白现在需要的不仅仅是民主，也不是纯粹的贵族制度，而是两者的混合形式，即一种贵族式的选择性的民主（aristocratic and selective democracy）。在大学以下的教育机构当中，人道主义的观念应该占有很大的空间。同样，综合性大学（university）这个名目本身就意味着一种百科全书式的完满，人们可以用德莱顿①的话来描述它："上帝赋予这里以完满。"综合性大学应该能为人文主义者按照自身律法完善自我提供丰富的机会，尽管它的主要目的并不是维系选择的原则。

另一方面，大学应该坚持质量的观念。鉴于世界目前正普遍受到印象主义的威胁，它就更应坚守人文的标准。雅典是实行选择性民主的最佳例证。雅典建立的质量标准在某种意义上讲仍是无法超越的，但它在质量方面所取得的成就或许还缺乏足够广阔的数量基础。不过，我们对美国的民主又能说些什么呢？就像通过放大镜一样，我们经常能通过外国人的观念反观到自己的错误。我们应该从这一事实中得到启示，即"美国化"这个动词在欧洲语言中意味着采纳廉价且花哨的机械手段。匹兹堡的百万富翁们正在让人们品尝渴望从当前的民主中得到的东西——这种民主是量化生活的先导，并将其与道德印象主义结合在了一起。看来，我们确实打破了数量方面的所有已知记录，但是这种庞大的数量必须与质量相协调，否则我们将会在自己积累的财富

---

① 德莱顿（John Dryden, 1631—1700），英国桂冠诗人、剧作家、批评家，著有多部诗歌、剧作、文学评论，代表作有《世俗的宗教》《西班牙人征服格兰纳达》等。

和权力中匍匐前行,最好的情形也不过是无意义地将财富积累得越来越多而已。美国很多有钱人都不比那个传说中的墨西哥苦工层次更高:这个人因为发现了矿藏而一夜暴富,因为记得妻子需要一架钢琴,于是就给她建了一座有上千间房子的城堡,然后在每间房子里都摆了一架钢琴。

　　选修制度在大学里孕育了一种选择研究方向的民主,但民主精神还有另外一个方面,对于前者我们可以用更高民主的名义加以驳斥。有人认为,以往教学大纲中课程的取舍纯属武断,以及人们对某些课程比其他课程更加重视只是一种迷信,但即便如此,我们仍然可以说出很多理由来支持这种选择。爱默生说过,没有人知道维系一种迷信需要怎样的道德力量。实际上,上述选择既不武断,也非迷信。它体现了无数人长期以来形成的成熟经验,并由此发现哪些才是真正有用的、可以用来构建我们核心知识结构的学科。就作出人文选择而言,个人总会受到整个时代选择的强大影响。比如在文学创作方面,正如爱默生所说,不过十年的工夫,人们的选择就发生了巨大的变化。古希腊文和拉丁文经典著作在其语言本身灭绝了数百年后仍然幸存了下来,由此我们知道这些著作并没有死亡,甚至还非常鲜活:与其他著作相比,它们较少与那些稍纵即逝的事物发生关联,而更多与人性中的永恒事物相关。经过无数次的试验之后,整个世界逐渐去伪存真,更本质的东西和非本质的东西剥离开来,并由此逐渐确立了判断的标准,但卢梭主义者却想让这一判断的永恒要素屈从于个人或某一群体的一时冲动。长远看来,人类整体的良好判断力(good sense)终将取得胜利,在林肯看来,这才是真正的民主。① 相反,认为大众的意愿在任何时刻都是至高无上的,这是卢梭的那种伪民主。如果我们用"民主"这个词指进行冷静反思的选择性民主而非稍纵即逝的印象式民主,那么我们就可以信任这一民主精神。

我们的大学和预科学校都应该把力量集中在以这种民主方式挑选出来的、数量相对较少的几门标准科目上面,这样就可以充分考虑到并体现出无数人长期以来积累的判断与经验。有些人支持开设一切新课程并赞成任何未经检验的风尚,这些人并不是教育上的民主派,而是教育的印象主义者。这种印象主义的结果是,我们的大学和预科学校不是在少数几个已经证明具有价值的领域中进行透彻的研究,而是堕落到只有"百科全书式的一知半解和杂乱无章的各种实验",后者在柏拉图看来对青年人的培养是极为有害的。② 科学家显然只对自然选择有兴趣,而印象主义者则宁愿进行纯粹的个人选择。但是,在大学里实行人文选择已势在必行;换言之,大学进行的研究方向的选择将在一定程度上反映出这些方向的所有经验,由此我们可以知晓,什么事物对这些研究领域的本质特性来说具有永恒的重要性。

----

① 那么,我们不妨提出这个问题,为什么民主不能进行无限制的选择呢?答案是:民主不能在判断方面受到限制,而是应该在印象方面受到限制。我们这个国家的三分机制——参议院、宪法和最高法院——尤其倾向于体现永恒的判断及民主的经验,同时还发挥着抵御民众冲动的堡垒作用,而人们对这一机制的攻击往往是在最低级的卢梭主义的驱使下进行的。——作者原注

② 见《法律篇》(Laws),819A。如果我们依据纽沃克学院(Newark Academy)威尔逊·法兰德先生(Mr. Wilson Farrand)的文章和讲话作出判断,预科学校的教师们早已开始感觉到大学的入学要求需要更多的集中与专注,并少一些"百科全书式的一知半解"。——作者原注

常识可以帮助我们发现这些人文研究是什么。这个国家里的很多人都可能会对我们在此所作的普遍性论证毫无兴趣,但他们也感觉到了大学训练给自身带来的益处,因此他们可能会本能地希望看到大学坚持自己的传统,教授那些旨在全面解放心灵的少数几门标准科目,他们也几乎是本能地不信任那些人道主义热心人的做法,即抛弃几代人筛选出来的经验,使用自创的教育诀窍。但是常识虽然可以在很多方面都发挥巨大的作用,却无法解决所有的问题。人文主义在英国作为托利党保守传统的一部分之所以能够幸存下来,可能只是出于那种"有福的愚蠢"(happy stupidity),即白哲特①所说的英国人所享有的那种巨大优势,或者按照柏克更礼貌的说法,是因为英国人具有一种"不可征服的对于偏见之智慧的坚持"(invincible persistence in the wisdom of prejudice)。然而,即便是在英国,人文主义是否可以按照传统的方式长期存在下去也是很成问题的。这在美国显然没有可能。激进分子曾用某些理论来攻击人文主义传统,那么人文主义者必须站在自身的立场上直面对手并清晰阐述自己的信念,这样他才有可能在那些并不直接对普遍性论证感兴趣,但却本能地具有良好判断力的人们那里获得有价值的支持。

弗里德里希·保尔森(Friedrich Paulsen)也许是当代德国最杰出的教育理论作家,他认为 16 世纪的德国已然出现大学的开端,其特征迥异于当今的预科学校或综合性大学,然而他遗憾地看到这些开端未

---

① 白哲特(Walter Bagehot,1826—1877),英国经济学家、新闻工作者和评论家,曾主编《经济学人》杂志。

能发展为英国式大学或美国式大学。这样说来,是否应该抛弃一个整体运作极好,甚至令文明的德国人都感到羡慕的体制,对此我们确实应当三思。尤其是当我们准备抛弃这种体制并采取某种杂糅了混乱的理智和伪善的人道主义思想的体制时,我们就更应该从长计议了。这并不是要贬低近三十年来伟大的教育扩张运动。在这项运动中,艾略特校长以及吉尔曼①校长都是有贡献的领导者。不过,虽然这一运动对于创建美国自己的综合性大学来说是必要的,但与此同时,它所造成的人性的偏颇片面现在正威胁着我们的大学的生存。大学校长们应当对艾略特校长表示仰慕与尊重,但他们不能因此便对下述事实视而不见:大学校长不仅要致力于培养扩张性的德性,更要培养集中性的美德;大学的主导精神如果要继续存在下去,不致迷失于综合性大学和预科学校之中,就必须坚持维系人文的标准——当然,神圣的外壳与精神分离之后可能还会存在一段时间。简而言之,大学的目的就是(如果它有独立的目的的话):它必须在这个量化时代里造就有质量的人。

---

① 吉尔曼(Daniel Coit Gilman, 1831—1908),约翰·霍普金斯大学(Johns Hopkins University)首任校长(1875—1901),主张教育应摆脱政治和教会的控制,提倡学术自由,在任期间创立研究生院及医学院,并开展高级学术研究。

第四章　文学与大学

赫伯特·斯宾塞曾在其教育论著中带着真正的预言精神宣告科学将日渐战胜艺术与文学。他认为科学将获得至高无上的地位，并将永远不再是"在角落中看着傲慢的姐姐们向全世界炫耀俗艳衣饰"的"女仆"。确实，形势彻底逆转了，艺术与文学不但不再"傲慢"，甚至常常满足于成为科学的谦卑使女。我们早已有之的"实验"小说就是人们急于用艺术想象来装点科学外衣的明证。不久前，在哈佛大学的一次毕业典礼上，有一位发言人保证我们马上就会有更弱"人性化的"和更强"生物学的"诗了。在期待将来更生物学的诗人到来之前，我们至少可以科学地对待那些过去的诗人——如果我们相信最近出版的所谓诗歌研究之实验室方法（Laboratory Method）那类名堂的话。另外还有一位作者，他在大肆菲薄传统诗歌观之后给出了自己的方案：诗=x+HI+VF。

今天我们当中的许多人似乎都与法国自然主义者一样，相信如果幸福存在的话，它一定存在于一只坩埚里。勒南晚年曾懊悔自己没有从事物理学，而是将毕生精力都花在基督教史这样一个无用的科目上。现在对人类的研究不是以人为本，而是以化学为本；或许，这一现代观念可以更精确地定义为用物理与化学的方法来研究人的一种尝试。我们发明了实验室社会学(laboratory sociology)而生活在统计数字的梦魇中。语言不是因为它传达出绝对的人类价值,而是因为迄今它哀集一些与自然有关的事实材料,而引起我们的兴趣。随着这种僵硬的考订做派(hard literalness)步步进逼,人文学科本身不再是人文的了。有一次,某君试图向我证明某古典学者的水平,说该学者制作的卡片涉及两万本参考书,并将这看作评价其研究水平的可靠凭据。

文艺复兴时期的人文主义是对过度禁欲的一种反抗。现在科学希冀成为一切事物的核心,这多少有些像神学在中世纪的派头。一个人如果想在自身诸能力之间保持人文的平衡,他就必须向那些走向极端的分析家们发出同样的抗议,因为在这些人身上,"对材料的刻板服从熄灭了人赖以为人的每一个火花"。不是吗?借柏拉图的某个对话来搞一篇语言学论文,和在中世纪把奥维德①的《爱的艺术》说成是对基督徒生活的一则寓言,这是同样合理的呀。在中世纪那个极端时期,人类精神(human spirit)力图将自身与外部自然完全分割开来,并沉迷于超自然的幻梦之中,现在它又走向了另一个极端,力图使自身与现象界完全融为一体。这种科学实证主义传播甚广,它使人与自然日趋同化,特别是对教育产生了极大的影响。我们的某些高等教育机构正在稳步成为某位大学者认为大学应是的样子——"科学大工厂"。想来过去时代残存下来的少数人文主义者,必然会生出一种奇特的孤独情绪和与世皆违的感觉吧。

---

① 奥维德(Ovid,前43—17),古罗马诗人,代表作为长诗《变形记》,其他重要作品有《爱的艺术》等。

或许现在还不是对19世纪的自然主义形成反动的时代,而是界定和补充,特别是强调它应当具有适当界限的时代。对自然的崇拜有走向极端的危险,不但就其科学形式①而言是这样,就其情感形式②来说也是如此。赫伯特·斯宾塞从科学分析的角度,预言了自然所能带给我们的利益与福祉,华兹华斯则从与自然进行情感交流的视角向人们作出了相同的承诺,二者可谓旗鼓相当:

> 春日枝头的每一丝悸动
> 都超过一切圣贤之言,
> 它更能教你懂得人,
> 懂得善恶的道德。

情感的或科学的自然崇拜尽管在某些方面相去甚远,然而就我们当前所讨论的主题——对大学教育的影响——而言,二者却有诸多相似之处。前者自幼儿园以上其作用一直延伸到大学,后者则自研究生院而下发挥作用,其间似乎并没有为人文标准留有多少间隙。这两种趋势彼此相遇后,有时会产生极为荒谬的效果。有一次我听到一群本科生说,想找一门"好混"的课程来选,因此不知是否该选修古埃及语课程。华兹华斯与赫伯特·斯宾塞或许是试图"矫枉"因袭传统的做法而不免失之于"过正",但目前所谓对自然的崇拜已经逐渐堕落成了一种流

---

① 即科学自然主义。
② 即情感自然主义。

行口号。自然女神(the Goddess Natura)的信徒们习惯于放言滔滔,随口说出诸如"自然的方法"与"服从于自然"等名词,而头脑清晰的人是不会任由这些术语安然过关的。"自然"这个词既包含人类世界又包含现象界,自希腊哲学诞生之始至今,几乎始终是造成思想混乱的一大源头。以法国文学为例,拉封丹①固然是以自然的名义人格化了他的动物,左拉②则同样是以自然的名义将他笔下的人物动物化了。就在数年以前,勒南利用了这个词的双重意义大玩文字游戏,得出了这一著名警句——"自然是没有节操的"(nature does not care for chastity)。

卢梭身上最突出的特点就是缺乏区分自然(nature)与人性(human nature)的能力,然而他的影响却在新式教育中无处不在,这种情况实在堪忧。有些人和卢梭一样,相信"自然/人性"之善(the goodness of "nature"),因此倾向于把个人的理想性需求与情绪化的见解混为一谈;有些人标举本能与怪癖,还有些人试图满足各种性情的需要,从而将选择的原则几乎降低到了育婴室水平,而且如果有可能的话,还要为每个人度身定做一套教育方案——卢梭把所有这些人都算作了自己的信徒。我们现在生活在一个优越的时代,因此不仅是每个成人而且是每个儿童都像邓恩③博士所说的那样:

---

① 拉封丹(Jean de La Fontaine, 1621—1695),法国寓言诗人,代表作为《寓言诗》十二卷。
② 左拉(Émile Zola, 1840—1902),法国自然主义小说家,代表作有《娜娜》《萌芽》等。
③ 邓恩(John Donne, 1572—1631),英国诗人,玄学派诗歌代表人物,伦敦圣保罗大教堂教长,写有各种体裁的诗歌多种。

> 认为他将成为
>
> 人中凤凰,且独一无二,
>
> 无人和他同属一类。

我们的教育者由于担心人们的天生禀赋受到妨碍,于是就鼓励个人任其自然发展天性。这从幼儿园时代就开始了,通过选修制度一直延伸到大学,个人由此发展出了自己的独特个性,这一做法最终得以被奉若神明。我们都被引诱着充分挥洒自身的感受,并朝着自己偏好的方向一去不返。我们是否逃脱了高头讲章与权威论断——这固然是旧式教育的致命缺陷——却陷入了个人主义的学究作风?我们有时不免觉得路德的比喻不无道理:人类就像马背上喝醉了的农民,从这边儿颠上来,就会从另一边儿颠下去。托利党(Tory)对旧式理想的反动实际上是防止我们走向另一极端的一种手段,即防止我们彼此完全"脱钩",而如柏克所说的那样"成为散沙式的个体",但托利党的做法却不是我们当前想要的东西。人性固然渴望自由地发挥个人才能,但也同样需要纪律与共同的理想。旧式教学谬误颇多,但多少能够满足这一需要。根据哈佛大学教务主任布瑞格(Briggs)先生的观点,在新型教育中,纪律常常体现在体育运动里,而体育运动同样能够部分满足人们对伙伴和友谊的需要。同一所大学的学生由于不同的选修课程会形成不同的学术兴趣,但不论他们就此有多大的分歧,至少都可以在一场校际足球比赛中亲密无间。但我们还需要一些不完全靠外力作用的交流方式,因为许多在现代世界促成物质性联合的力量同时往往易于导致精神上的隔绝。在此以及其他方面,我们都与中世纪时期的欧洲相距最为遥远;那时人们由于几乎是无法超越的时空障碍而彼此隔绝,但他们却通过共同的准则紧密地结合在了一起。一旦涉及生命中更深刻的东西,现代大学院系的成员们有时就会让人觉得是一些(用爱默生的话来说)"极度可恶的闲散个体"的集合。人们哪怕只是曾在大学里读过同样的书,这其实也是一种不薄的交谊。如果两个人都选了有关贺拉斯的课程,这至少会为日后提供一些共同的回忆与掌故;但是,如果其中的一个人选了有关易卜生①而非贺拉斯的课程,那么他们不但会有不同的回忆,而且只要受到过这些作家精神的感召,他们还会产生不同的理想。只有彻底的激进主义者才会认为,完全不讲规范、脱离中心对于教育百分之百有益,并且认为当前不断增生的外在的机械手段可以取代人与人之间更深刻的理解而把他们联合在一起。

情感自然主义者会认为自己有权挑选易卜生而非贺拉斯,仅仅是因为他觉得易卜生更"有趣"。他拒不承认某些课程比另外一些课程更加人文是因为其内在品质,与个人的品位与喜好无关,由此他便混淆了自由文化的理念。科学自然主义者则倾向于单纯使用量化检测手段并用自然科学术语来表达一切事物,这种做法与前者可谓殊途同归。艾略特校长曾作过一番重要讲话,认为文学学士学位与理学学士学位之间的旧日区别正在"逐渐消逝,并且马上就会完全消失,因为攻读这些学位的学生心目中所抱的目的从根本上讲都是一样的,那就是力量

---

① 易卜生(Henrik Johan Ibsen,1828—1906),挪威剧作家、诗人,以社会问题剧著称,后期转向心理分析和象征主义,对世界各国戏剧发展产生了深远影响,著名作品有《玩偶之家》《群鬼》等。

的训练"。目前我们的大学大多采用三年学制,但这与学位本身的变化相比又算得了什么呢,从前学位是以质量为基础的,现在却是量化的、动态的!如果教育方面的激进者们大行其道,那么文学学士学位对他们来说就只不过意味着:某个人在一系列选修课程上面花费了一定计量单位的学术能量,而这些课程可能包括从锅炉制造到保加利亚语等等研究方向;这一学位将仅仅用来衡量某人学术兴趣流向及其所克服的阻力的总量与强度;总之,一切都将逐渐由伏特、安培与欧姆之类的单位来表示。再强调一遍,我们在此需要的并不是一整套不容改变的学科体系,而是一种分寸感,它能使我们免于走向极端,远离那种荒唐的民主——比如,宣称所有的学科是而且理应是自由平等的。归根结底,学术的等级不是通过英尺、磅等单位来确定的,而是由这些学科与人的远近来决定的,而人类的存在领域与外界自然的领域是两码事:

> 人拥有自然的一切,
> 但是还有更多,
> 就在"更多"之中,
> 埋藏着人类所有善的种子。

将来人们可能会根据学科的人文程度对各学科进行划分。然而,不论这一人文复兴是如何令人神往,我们都不应希冀通过提出某种崭新的教育改革计划来机械地实现。因为这样做就等于重蹈时代谬误的覆辙,它试图通过种种手段来营造人比机器伟大的那种人文精神,而不是把这一法则作为我们最根本的出发点。人文精神的希望不在于若干富豪的慷慨,而是存在于个体更加深邃、恳切的反思之中。爱默生关于美国学者的讲演是对基于直觉的人文主义的呼唤,其方案的唯一弱点是假设学者们拥有天才,而且还是那种罕见的天才。从另一方面来说,像英国牛津大学那种纯粹、传统的人文主义虽然不乏强健的内容,但是也有明显的弱点。或许其中最主要的一点就是(至少在肤浅的观察家眼中看来是如此):这种人文主义似乎只关注绅士的塑造而忘却了真正的传统的价值,即人的塑造。有感于这种英式教育,赫伯特·斯宾塞曾经写道:"正如奥里诺科河①的印第安人在离开他的茅草棚之前会给自己涂上颜料一样,人们也会强调一个孩子必须要有拉丁文和希腊文的训练,不是因为它们的内在价值,而是这个孩子会由此得到'绅士的教育'。"我们可以肯定的是,假使人文理想真的会在未来出现,它必然更多的是一种个人对事物本性的体悟,而不再像一直以来那样体现为一种传统。我们时代所亲历的传统权威的弱化与希腊伯里克利时代颇有相同之处。人们或许会这么说(这一类比倒也并不牵强):我们正面临着与那个时代相同的抉择——要么获得苏格拉底(他被称为第一个人文主义者)那种真正的个人主义,要么就滑向智者派那种理性和道德上的印象主义。我们国家的剧场、新闻媒体、文学批评、哲学和通俗小说都早已出现了这种令人不快的印象主义迹象。然而对我们而言,最大的危险还是教育中的印象主义。

　　文学学士学位在形式上不妨作些变化,只要我们注意保持其人文

---

① 奥里诺科河(Orinoco)位于南美洲北部,是委内瑞拉的主要河流。

方面的追求就可以了。但是如果缺乏清晰的思考,人们就会忘记大学——一方面针对研究生院而言,另一方面针对大学预科(preparatory school)而言——的真正功能。这种对于大学的轻视,部分受德国的影响。我们的某些教育理论家们很愿意将大学的高年级课程与研究生课程相结合,并将第一、二学年的课程转给大学预科去上,这样就形成了与德国教育体制相似的分类法,即分成高级中学(gymnasium)①与大学两类。如果我们信服明斯特尔贝格②教授所说的,一共只有两种类型的学者——"生产型"(productive)学者和"接受型"(receptive)学者,即那些发现知识和"分发"(distribute)知识的人,并且我们也信服他的这一观点,即需要给予"十九岁男孩的东西,在原则上与九岁男孩得到的东西并无不同"③,那么上述区分就是符合逻辑的。但是十九岁的青年与九岁的男孩确实有一个显著的不同之处,那便是他已具有了更多的反思能力。人的头脑从接受转向反思与同化,这一变化从人文角度来说是至关重要的,事实上这也表明了大学教育的必要性。明斯特尔贝格教授不但指责我们大学的学术研究是"接受型的",还指责它是"被动的"和"女性化的"(当然,这种糟糕的局势后来总算有幸在德国的影响下多少得到了改进)。然而,他却完全忽视了那种人文方面的努力,即用反思——其男子气概超过了所有其他事物——的力量来协调知识的散乱片段,并把这些片段与理性以及意志与性格联系起来的努力,而

---

① 德国专门培养学生升入高等学校的中学。
② 明斯特尔贝格(Hugo Münsterberg,1863—1916),德裔美国心理学家、哲学家,曾将心理学应用于法律、工业、商业、医学教学和社会学等等领域。
③ 《美国的特性》,第89页。——作者原注

这正是大学教育应有的特殊目的。正是通过这种神奇的化合作用,单纯的知识转变成了文化。吸收过去与现在最优秀的事物并将其改造为适用于我们自身及他人的东西,这一任务绝非不需要独创性,相反还需要我们采用某些创造的手段。明斯特尔贝格教授认为,生产型学者与大学教师的关系,就像萨金特①那样的艺术家与一个摄影师之间的关系一样。他进而说:"纯粹模仿性的思想者可能会成为一个最杰出的教师。任何一个具有一定个性、良好的表现力和普通智力的人,都能够在六个礼拜的时间里成为教授任何一种科目的优秀教师。"②德国人认为知识是堆积在某个头脑中,然后又以同样机械的方式"分发"到其他头脑中的,而这正是我们要严加防范的一种观念。一位真正的大学教师,其目的并不是要把知识"分发"给他的学生或"塞进学生的头脑中",而是要像蒙田③所说的那样,"将这些知识许配给他们,并使之成为他们头脑和灵魂的一部分"。我们从德国学来了"严格科学的研究方法",如果这方法令我们无法区分单纯的学识与真正的学问,那么我们就会为此付出沉重的代价。

假设我们承认,在较为低级的学校里人们的心态必定大都属于接受型,而同时在研究生院里生产型学者正大行其道,那么,大学——如果一定要有一个独立存在的理由的话——所代表的必然不是进步,而

---

① 萨金特(John Singer Sargent,1856—1925),美国画家,以肖像画著称,后致力于壁画和水彩画,作品有《某夫人》及波士顿美术博物馆壁画等。
② 《美国的特性》,第95页。——作者原注
③ 蒙田(Michel de Montaigne,1533—1592),法国思想家、散文作家,著有《随笔集》等。

是对学问的消化吸收,以及文化的永恒不朽。若非某些在塑造美国教育方面出力最多的人士对此似乎熟视无睹,不然在此谈论这样一个显而易见的问题真让我们感到有些羞愧哩。例如,已故的哈珀(Harper)校长在关于小型学院(college)之未来的讲演中,提出一些小型学院应当降级归入高等中学的行列,另外一些应当建设成为"低等学院"(即归于更大机构的管辖之内,招收学生只到第二学年末为止),其余的学院则应当培训特殊的专业以求立足。同时,那些重要的综合性大学应彼此建立更紧密的联系,以便形成某种教育联合机构。哈珀校长这么想显然没什么错:那些小型学院实在太多了,如果把其中一些降为高等中学,谁也不会是输家。但是,他在整个计划中却极少提到那些幸存下来的小型学院的真正目标,即在自由文化精神的激发与指导之下,教授为数有限的几门标准课程。无论从什么角度来加以考虑,那些新理论对于小型学院而言都是一种威胁。如果我们认为一个学生刚完成预科课程马上就可以无限制地选课,那么,这一想法几乎会让所有的教育机构(除少数几所大学之外)处于极为不利的位置,因为只有少数几所机构具有足够的物质资源可以使自己变成德廉美修道院①,并在自己的大门入口处铭刻这样诱人的字样:"学习你所喜欢的一切"。那些最好的小学院可以为美国教育尽自己的一分力,只要这些学院坚决维护人文传统,而不是与那些重要的综合性大学攀比,极力全方位展示教育上的新鲜事物。如果是后一种情况,它们可能就会变成三流的、资源匮乏

---

① 德廉美修道院(Abbeys of Thélème)是法国作家拉伯雷《巨人传》中主人公高康大为约翰修士修建的修道院名称。这个修道院的宗旨只有一条,即"做你爱做的事情",象征着个人的绝对自由和个性的绝对解放。

的科技学校,并会重演那个青蛙想把自己膨胀到和牛一样大的寓言。

这些小型学院如果能认识到自身的优势,不至于陷入自然主义的谬误而把人文意义上的发展与单纯扩大规模混淆起来,并且不为规模和数量所震慑或为数目而着迷,那么这些小学院就将是幸运的。尽管整个世界似乎都醉心于量化的生活,大学却必须牢记自己的任务是使自己的毕业生成为高质量的人——这是就"质量"这个词的真正意义而非通俗意义而言的。大学将以这种方式尽自己的一分力量,力求建造我们今天这个社会所需要的性格与智力贵族,以此来取代世袭贵族,并与逐渐萌生的金钱贵族相抗衡。目前人们一再主张大学也应该讲民主精神,如果这指的是大学应对民主制度中最好的东西具有深切的同情,那么我们的确应该如此,然而,如果这指的是(实际上往往如此)大学应该降低自身水准以适应普通个体的要求,那么这一看法就是错误的。有些人提出应采取三年学制,这等于是在暗示:如果我们想让更多的学生拿到学位,我们不妨降低学位的标准。不过就大学的立场而言,培养出一个从头至尾接受了良好教育的人,要比培养一百个没有接受过完整教育的人更符合自己的目的。正如托克维尔①所云,对民主制度的最终检验就是看它是否有力量培养并鼓励产生杰出的个体。难道仅仅因为普通大众的要求在过去遭到了轻视,我们现在就必须蔑视优秀个体的要求吗?我们不禁又一次想起了路德的那个比喻②。大学应当一方面与研究生院、另一方面与较为低等的学校构成紧密而相互同

---

① 托克维尔(Alexis de Tocqueville,1805—1859),法国政治学家、历史学家,著有《美国的民主》《旧制度与大革命》等。

② 即前文提到的"人类就像马背上喝醉了的农民"那一比喻。

情的关系,同时还要牢记自身的作用与二者都不相同,唯有如此,大学才会真正受益。较为低等的学校应为普通市民的教育做好充分的准备,研究生院则应为专门化和进一步学习深造提供机会;然而,大学的指导精神既不应是人道主义式的,亦不应是科学式的——尽管这些因素会在很大程度上得到体现——而应该是人文的,并且是(就该词的真正意义而言)贵族式的。

正如一名法国作家所云,泛泛而谈某种理想,不费一文便可臻于完美。为何我们经常在实践中远远达不到自己的理想?原因之一就是,根据目前的情况,我们很难找得到符合这一要求的大学教师。明斯特尔贝格教授对德国的教师赞不绝口,就是因为这些教师除了热衷于成为专家之外,从不企求成为其他的什么。他还宣称"没有获得博士学位者不应在大学教书"。很多美国人也持同样的见解,由此便引发了某些大学校长对博士学位的顶礼膜拜。然而,一个人可能会成为出色的生产型学者却几乎没有任何人文洞见与反思,但单凭后者便可赋予一切学科以意义,这同时也是一个大学教师应该具备的东西。我们为获得博士学位、成为专家而付出的那些努力,会不断地诱使我们牺牲自己作为一个人的成长与发展。在成为一个昆虫学学者之前,我们必须首先学会做人。对任何一门学科过于熟悉,都可能会导致人类心智的失衡,老牌人文主义对于这一点是非常敏感的。或许是由于对专门化带来的危险有所感悟,古代的那位吹笛手这样回答菲利普王①(后者曾

---

① 菲利普王(King Philip,? —1676),北美万帕诺亚格印第安人酋长,组织部落联盟,领导新英格兰地区印第安人抗击英国移民。

想就某个音乐问题与之辩论)说:"神不会允许陛下在这些事情上知道得和我一样多。"或许只有在英国,那种关于高雅的业余者(elegant amateur)的理想——"从不自以为是的君子"(*l'honnête homme qui ne se pique de rien*)才能幸存并延续至今。与德国人相比,英国人迄今还是(如某人最近称呼他们的那样)一个业余者的民族。但是,目前这种情况已经发生了突变,人们根据英国最近一些文章的基调就可以感觉出来:那些作者居然希望牛津转型为一所工艺学校!现在整个局势都非常棘手:现代生活所特有的环境要求我们几乎全部成为行家与专家,而我们因此就更加需要自我防范,勿使自己的头脑因过分沉迷某一学科而有损健全。人们都记得,达尔文在一段文章中曾坦率地承认,他对艺术与诗歌的人文鉴赏力,由于自己过分偏爱科学而受到了削弱。

我们至少应当坚持,不论是教授古代文学还是现代文学的大学教师都不应当仅仅是专家。单凭某人在语言学或文学史方面作过一些琐细的研究,就认为他有资格担任某一学科的大学教职,坦率地说,这简直是荒谬的。如果别人对我们说,这是对此人原创性与掌握方法等情况的一种必要测试,那么我们应该这样回答他:吸收内化所需要的原创性并不比生产创造所需要的少,甚至还要远远超过(我国和德国博士论文写作所允许的)那种机械的材料编纂所需要的原创性。这种对原创性的大力强调,其实是标新立异的个人主义在科学方面的表现。个人主义在当前已经泛滥成灾,在情感方面的表现即是(如我们所观察到的那样)人们对个人的气质与怪癖产生了一种夸张的崇拜。在今天要想具有原创性——既然那是我们大家都孜孜以求的事情——最稳健的办法就是成为一个博学的人(在该词过去使用的意义上),并对旧日文学中确实有价值的东西有透彻的了解和富于想象力的鉴赏。博士学位候选人认为可以为了自己独有的那点研究兴趣而忽略全面的阅读与反思,这种标新立异追求原创性的做法在古典文学等学科中是尤其无法容忍的,因为这些学科比其他所有学科都格外要求研究工作应服从于人文吸收。如果一名研习古典的学生还未开始广泛阅读(更不要提消化吸收了)希腊与罗马的那些经典名著就着手去写他的论文,我们对这样的学生该作何想呢?然而不幸的是,这种对吸收性、反思性学术研究的轻视正与我们民族气质中最为轻浮的部分不谋而合,那就是对一个种族或个人的年纪与经验完全漠视,对传统中体现出来的"对人类古老而历久弥新的认识"缺乏敬意,却对新一代和新观念情有独钟。在对待年纪与传统的态度上,我们当中的某些人似乎走到了与中国人相反的另一极端。事实上,在传布福音的牧师那里,青春早就成了人们最为企慕的一项美德!托克维尔说过,对古代的蔑视是民主制度带来的主要危险之一。托克维尔带着真正的洞见进一步说道,因此古典研究对于一个民主社会而言有着特殊的价值。实事求是地说,一名古典教师应当履行的最高任务就是运用想象力将过去的东西重新阐释成为今天的东西。然而,我们的古典教师作为一个整体却远远达不到这一要求,反而逐渐彻底地受到了最偏狭的德国语言学派即拉赫曼(Lachmann)与赫尔曼(Gottfried Hermann)学派的影响,这对于我们更高等的文化而言真是一场严重的灾难。那些注释者与评论者们,一度在伏尔泰眼中不过是拥挤在真正文学品味的殿堂之外的人群,现在这些人却占据了最神圣的所在。古典研究将来唯一的希望是从根本上进行转向,首先要摆脱目前孤立的状态。比如,检验某人是否适合在普通大学教授古典学科,一个要比博士学位更好的测试方法就是设计一种考试,以此显示此人阅读希腊罗马文本的程度如何,以及他运用这一知识与现代社会与文学相联系的能力怎样。这个基础一旦建立,那些有天赋的人自然就会生发出研究的本能,而不是像现在这样,所有人都是出于人为压力而从事研究。但我们的古典教师几乎是不可能欢迎这样一种建议的。这是因为,与过去的人文主义者不同(在其他方面也大都如此),他们还保持着某种高傲和自命不凡,他们会刻意以这种姿态提醒我们拉丁和古希腊文献是 litterae humaniores(更人文的文学),不论他们自己对这一学问的贡献是如何乏善可陈。他们就像继承了某个伟大姓氏与巨额财产的人,虽然占有这些东西,但这并不全然与其个人成就有关。

如果将古典文学教学与中世纪和现代文学紧密地联系起来,我们就会获得一些全新的兴趣点和实在的效用。我们还要立即补充一点,那就是现代语教学如果与古典紧密联系起来,也会马上获得深度和严肃性。然而目前两种情况都未得到实现。我们既缺乏对现代有充分观察的古典教师,也缺乏具有足够古典背景的现代文学教师,而这是实现人文方法复兴的主要障碍之一。在当前的形势下,不论以何种方式继续过去的古今之争都将是最无益的举动。亚当斯①在论大学崇拜的演

---

① 亚当斯(Charles Francis Adams,1807—1886),美国外交家,南北战争期间任驻英大使。

讲中说:"与西塞罗的那些陈词滥调相比,我更喜欢蒙田的哲学。"——就好像我们不需要懂得西塞罗的"陈词滥调",不需要知道全部的拉丁文学,就能够完全理解蒙田似的!特别是法国文学教师,如果不想流于肤浅,就应该接受彻底的古典学术训练,以使自己更加稳健,更有底蕴。要让班上的学生对罗斯丹①发生兴趣比令他们对拉辛②发生兴趣要容易得多,不过,教师却时常会面临堕入廉价的当下性(cheap contemporaneousness)的危险。在东部某所大学供职的一名法国文学教师曾对我说,由于长期以来的专题教学,他现在对《三个火枪手》的熟悉程度超过了所有其他文学作品,并且逐渐认识到,《三个火枪手》与现在涌现出来的文本相比堪称是一部杰作。那些文本在文学上无足轻重,往往只有其恶劣的编审堪与之匹敌。③ 大出版商们的商业头脑与现代语言教师的印象主义在此携手共进,因此今天的本科生们才会去读乔治·欧奈特(Georges Ohnet)的小说,而在上个时代他们都肯定是要读柏拉图的。

　　那些坚信古典或现代语言文学是教化工具的人们,如果想给他们共同的敌人——那些纯粹的功利主义者和科学主义激进分子——以迎头痛击的话,就必须立即行动起来,抓紧时间弥缝彼此之间的细微差别。赫伯特·斯宾塞可以被视作科学主义激进分子的典型,他认为科

---

① 罗斯丹(Edmond Rostand,1868—1918),法国剧作家、诗人,其戏剧被视为法国浪漫主义戏剧的最后代表。
② 拉辛(Jean Baptiste Racine,1639—1699),法国剧作家、诗人,法国古典主义悲剧代表作家之一,主要作品有诗剧《安德罗玛克》,悲剧《爱丝苔尔》《菲德拉》等。
③ 过去几年来这一方面得到了某些改善。——作者原注

学分析是人生的首要需求,而艺术与文学则只是"游戏"的某些形式,只是我们在多数闲散时刻的娱乐而已。他曾这样下结论说:"正如它们①占据了生活的闲散部分,它们也应相应地占据教育的闲散部分。"这一说法将艺术与文学贬低成了浅薄的玩意儿,这无疑会大获那些纯粹的自然主义者们的欢心。当那些本来在文学领域工作的人们也接受了这一观念——也许他们常常是无意识的——情况就更加严峻了。语言学专业的学者在我们院系里的地位已经相当牢固,他们都极其乐意把文学看作是语言学分析这种更严肃、更费力的工作之余偶一为之的休闲。一个人万万不可以对文学太有兴趣,否则他就会受到惩罚,被大家看作是一个业余的人。一位年轻的语言学学者有一次和我议论他的同事说:"他简直是个业余的人——他在读但丁和莎士比亚呢。"或许斯宾塞式的艺术观还可以解释我经常在语言学家身上观察到的那种古怪爱好,即他们大都喜欢看杂耍表演和"初夏"(light summer)系列小说。必须承认,某些文学教师,特别是英国文学教师,对自身所扮演的角色似乎抱着相同的观念,他们不失优雅地为学生们提供美学上的慰藉并裁判语言修辞上的精美与否,除此之外别无他想。语言学家和艺术爱好者们自己感觉不到,亦无法使他人感觉到,真正的艺术与文学和人类整体生死攸关,它们绝非像斯宾塞的理论所暗示的那样,仅仅是更为精妙的享乐方式或美感得到满足之后的愉悦。在过去的大学课程中还保留着某些传统,即人类文字的深层意义是为人类的更高用途服务的,以及其他一些关于价值的知识。既然现在这一人文传统已经日渐

----

① 指艺术与文学。

衰落,个人就不得不自谋出路,在人文反思中寻求传统的替代品了。

换言之,这令我们再次接近了所讨论之话题的中心,即使我们牺牲了过去所谓文科学士学位的本然意义,我们也必须努力保留其精神实质。目前这一精神正受到多方面的威胁:其中有功利主义和幼稚方法(kindergarten methods)自下而上的威胁,有专业化和专门化自上而下的威胁,还有几乎是不可阻挡的商业化和工业化影响所带来的压力。如果我们要牺牲文学学士学位的名号及其精神,我们至少应该是刻意这样做的,而不应仅仅是因为随意进入了某种没有对人和发动机作出足够区分的教育体系,就因此遭到了背叛与出卖。当前最重要的就是审慎思考与精确定义。金钱与激情这些东西虽然美妙,但是它们不能取代生气勃勃的个体反思。然而,现时代的人却希望通过各个委员会的意旨来实现其主要目的,不是去形成人与人之间真正的社会交流,而是发展出了一种不论何时何地都蜂拥而上的特性,因此我们在前面的言论恐怕并不会受到他们的欢迎。明斯特尔贝格教授认为,我们应该具有的最大野心就是在生产性学术(productive scholarship)方面与德国一较短长。他会为了达到这一目的,要求我们增建一系列年薪两万五千英镑的教授岗位,并向教授们委派最有水平的调查员和熟练掌握科学方法的人士,此外他还要求我们在这些挑选出来的杰出人物头上堆积各种各样的荣誉与头衔。如果我们相信了他的话,即生产性学术的问题是我们目前教育的首要问题,那么我们就会受到严重的误导。我们必须坚持目前还有一个更为重要的问题,那就是判定文学学士学位的真正意义与价值。不过有一件事情,我们还是要感谢明斯特尔贝格教授的：在处理教育的这些基本问题方面，他相对远离了那种懒散的、印象主义式的思维习惯的羁绊，而这一习惯常常会在我们处理这些问题的时候凸显出来。它有助于迫使我们在自己的观念中更加细致地求索，从而能更好地对付他的那些理论。任何经过深思熟虑的意见都会超过一堆稀松的印象主义的观点。因为正如培根所云，谬误而非含混更有可能帮助真理前行。

第五章 文学与博士学位

据说,达尔文在整个上午的勤奋工作之后,往往会到客厅的沙发上稍事休息,同时听人大声朗读小说。这件轶事不仅代表了科学家对文学的态度,而且代表了文学在生活中所占据的位置。现代人把精力留给了科学研究、社会学或金融学,当他转向纯文学时,他寻找的是某种抚慰的、温和的麻醉效果。当然,更多人即使在百无聊赖之时也不屑于在书中寻求慰藉,而是把艺术和文学留给了女性。洛夫第(Lofty)曾为事业型男人辩护说:"诗歌对我们的妻子女儿们来说是相当不错的东西,但对于我们来说却并非如此。"在教育机构,特别是中西部的综合性大学中,男性集中于理工课程,而女性则偏爱文学课程。的确,在上述这些机构中,文学被看成是"女人气"的课程。一个男人如果过于认真地对待文学的话,那么他就会被怀疑是娘娘腔的。做一名电力工程师,这才真正是男儿之事。人们已经目睹了这样一个时代的到来:典型的文学教师是向全班女生讲解济慈或者雪莱的对文学半通不通的小青年。事实上,较为阳刚、更有雄心壮志的文学教师感到自己必须通过哲学研究来彰显自己的男儿气概。在内心深处,他们同意科学家——以及对文学一知半解者——对文学的看法,即文学不是生命规律的本源,而只是多少令人愉快的个人印象的来源。

我们已经在较广的范围内就情感自然主义者与科学自然主义者——或按照我们已经取得一致的看法,即卢梭主义者与培根主义者——进行了区分,而一知半解者与文献学家的区别亦与之有着密切的关系。许多亚历山大学派①语法学家的做法与我们今天文献学家实在是很相似的。不过比起今人来,他们对自己职业的看法显然要谦逊得多,因为他们不像现代的文献学专家那样自我感觉良好,认为自己的研究促进了学术的发展和人类的进步。今天,我们的培根主义语言学家们正是想通过自己对知识作出的确定贡献来获得世人的尊敬;只要他们能在语言研究中得到精确的事实,并从这些事实中离析出统率它们的规律,那么他们便会心满意足地把人类的价值交付于卢梭主义者,任其陷入后者所快意的理智与感性的游离无根状态之中。

不过我们再次需要一个适当的界定。今天,"文献学"(philology)这个词用来指从吠陀梵语中名词的屈折变化到文学批评以及圣保罗书信等任何东西。② 文献学家正是通过他们在大学目录中所主张的分类方法,明确把文学仅仅视为哲学的一个部门。我们很难指望用大众都可以接受的方式来界定这个具有奇特弹性的术语,但至少可以按照我

---

① 亚历山大学派是古罗马帝国时期新柏拉图主义的一个分支,发源于亚历山大城,代表人物有阿莫纽·萨卡斯、普罗提诺、普罗克洛等,以折中古希腊各家思想为主,是为中世纪经院哲学之先声。

② 参见《哈佛目录》(*Harvard Catalogue*),1906—1907年,第439—440页。——作者原注

们目前的需要来界定它。

在进行界定之前,我们需要暂时回到爱默生对两种"不可调和"的规律所作的区分。就语言受制于"物之法则"而论,它是文献学;而如果它表达了"人之法则",那么它便是文学。文献学体现了语言与文学的奇特联系,有着巨大而重要的应用领域。当它用上述关系取代更为重要的语言文学和人类精神的关系时,便会产生滥用和僭越的问题。同样,文学对于个体理智与感性所产生的吸引力具有广袤而合法的用武之地。只有当个人企图从具有更普遍衡量标准的学科中完全脱身出来时,印象主义和浅薄涉猎的做法(dilettanteism)才会应运而生。

今天,就我们所知道的文献学家而言,他们并不仅仅因为有"促进人类进步"这一培根主义意识的捧场,便与他们的原型——亚历山大语法学家有何不同。当然,那种文献学家仍然极为常见,在我们的古典教师队伍中更是如此。但是还有另外一派,他们在相对晚近的时代才全面发展起来,其做法更接近历史学而非语言学,或者说得更准确一些,19世纪所特有的对历史相对性、发展与进步之更加敏锐的意识,已经深刻地修正了包括文学史在内的各类历史。不幸的是,实践已经证明,把历史方法与对内在价值的适当尊敬结合起来是非常困难的。要想恰切地做到这一点,意味着要在绝对和相对之间进行调停;而我们知道,在所有人文学者所必须进行的调整工作中,这是最困难的事情。目前全体文献学家造成了一种巨大的危险,即用文学史取代文学本身,这一点在文学现象林林总总但真正的文学却相对寥落的时代即中世纪体现得格外明显。① 某些中世纪学者对研究对象的兴趣与其真正的价值常常构成反比。归根结底,问题的关键不在于某首武功歌(*Chanson de geste*)是否来源于另外一首武功歌,而在于它们自身是否有资格引起肯较真的学习者的注意。我曾经听说,有些为了将来打算教授现代义学的人而组织的博士考试,其中所提的问题几乎全都集中在中世纪领域,也有一些细枝末节的语言学和文学史方面的问题,而只是间或才会提到但丁、乔叟②、彼特拉克、薄伽丘③这些对于人文学者来说十分重要的中世纪作家。

我们今天的文献学家经常因他们的同行没有完全采用历史方法而指责对方狭隘鄙陋。但这只是表面现象,用一派的做法替代另一派的做法并不能解决问题。历史方法的价值是难以估量的,但只有佐之以绝对价值(absolute values)的意识时方才如此。④ 与出色的老式语法或文本批评工作相比,大量时下流行的"来源研究"(*Quellenforschung*)本身其实处于较低的水平。如果一个人有管理账目的枯燥心性——这种习惯往往也是根深蒂固的,那么他往往会通过起源与影响研究来获得"学者"的声誉,就像新古典主义时期的批评家们多半会谈论"法则",

---

① 中世纪具有相当大的知识力量,但主要都从各国转到了拉丁文学与经院哲学当中。中世纪的文学并没有像哥特式教堂那样完美表现出时代的风貌,只有但丁的诗是一个例外。——作者原注

② 乔叟(Geoffrey Chaucer,1340? —1400),英国人文主义大诗人,现代英语的奠基者之一,代表作为《坎特伯雷故事集》。

③ 薄伽丘(Giovanni Boccaccio,1313—1375),意大利文艺复兴时期著名作家,代表作为《十日谈》。

④ 我在《合理的古典研究》与《古与今》这两篇文章中对此处讨论的历史方法和比较方法有完整的补充。——作者原注(译者按:即本书第六章与第七章。)

列举"妙笔"和"缺陷"一样。比较文学的繁荣往往被归功于历史方法和比较方法所具有的神奇功效,但若不严格遵循人文标准加以研究的话,比较文学就会变成最琐屑无聊的课程。例如,彼特拉克与文艺复兴时期十四行诗诗人的渊源关系固然有趣,但彼特拉克和他的追随者们是如何与"恒常的人类心灵"——而不是他们彼此之间——发生联系的,这才是更重要的问题。如果听任比较文学专业本科生放弃亲熟经典杰作,而是去研究个体作家或国别文学之间的相互关系,这样的比较文学研究肯定会产生毒害作用。此外,一名作家的历史影响、意义和他的真正价值并没必然的联系。总的来说,彼特拉克在文学史教材上比但丁占据了更多的篇幅,但他无论是作为一名作家还是作为一个人都远远逊色于但丁。

因历史考据而导致文学研究的败坏,这和历史研究领域内发生的情形十分相似。同样地,历史学家们一味专注于各自研究课题中的现象,却未能协调绝对与相对这两种截然相反的要求。培根在他的一篇论文里试图在历史现象中发现人类精神的基本规律,同时警告我们对于这些现象本身不要过分关注。他认为"花过多时间来观察命运沉浮的转轮是没有好处的。至于它们的文献考据,只不过是一串故事罢了,因此它们并不适合于这种写作①"。这位思想大家与语言大师很准确地使用了"文献"这个词——实在是太准确了,简直就像是对我们最近学术走向极端所作的一个预言。以前的学者往往有这种危险倾向:注释无限复杂的事实,然后稍作几条总结便完事大吉。今天的学者则更

---

① 即历史写作。

多的是把一切都当成文献考据,把文学、历史和宗教本身都变成"一串故事",换句话说,就是没完没了地搜集材料,却无法从这些矿层中提炼出恒久的人类价值。

在一些人看来,方才所说的似乎应和了卡莱尔①对这类人——研究枯燥乏味问题的学者,无趣而好卖弄学问的演讲人或作家(Dryasdust)——的攻击,泛言之,也是整个浪漫主义流派对泛滥的科学分析法的反击。但说到底,没有什么比人文主义者和浪漫主义者在反对过分倚重枯燥分析和材料收集问题上意见差异更大的了。浪漫主义者之所以表示反对,是因为这种极端做法干扰了狂热与放浪不羁的情感,而人文主义者表示反对则是由于这影响了判断和选择。尽管卡莱尔给了这类人不少辱骂之辞,但后者反而越发兴旺,如今正在我们美国的大学里讲授历史和文学哩。我们可以进一步讲,事实上浪漫主义者不但没有妨碍他,反倒是帮了他。过于强调材料的收集是过度放纵感情的自然反弹。想想卡莱尔本人是如何一再混淆人类的规律和单单作用于他自己的规律的!但不管怎么说,卡莱尔还不仅是一名浪漫的印象主义者。以另外一名历史学家米什莱②为例,可以更好地说明我们的意思。当一个人不停地阅读米什莱的法国大革命史,他最终会不禁发出这样的呼喊:"以上天的名义,请让我们拥有不经混乱想象所赘饰,不为革命气质的幻觉所扭曲的冷静客观的事实吧!"既然一个人在自己的著作中注入

---

① 卡莱尔(Thomas Carlyle,1795—1881),苏格兰散文作家与历史学家,著有《法国革命》《英雄与英雄崇拜》等。
② 米什莱(Jules Michelet,1798—1874),法国历史学家,认为历史就是人类反对宿命、争取自由的斗争史,著有《法国革命史》等。

人的因素时不可能不变得主观随意,那么还是让他彻底清除人的因素吧,这样他至少可以达到科学家所具有的客观性。——这就是法国整个文学界经过1830年浪漫派的主观主义动乱之后所持的逻辑。大作家往往知道如何同时具有客观性与人性,但是法国的作家们试图以科学的超然使人类完全受制于事物规律来逃避浪漫激情的泛滥,反而陷入法国某位批评家所谓的"彻底的无人性"。一味收集材料的科学的历史学家常常就是这样。如果对自己搜集的材料进行筛选而得出论断,自然会面临这样一种风险,即无法表现比自身性情更为高明的东西,但即使是这样,也比没有表现任何人性要好。

我们如此谈论科学家和印象主义者、文献专家和一般爱好者,就好像他们各自为政、水火不容一样,然而事实远非如此。文献学与浅薄涉猎仅在现实中才分别属于分析的和审美的,或者如人们不禁会说的那样,它们是同一场自然主义运动的刚、柔两个方面。同一个人常常兼有这二者,或者更确切地说,它们并存于同一个人身上:这可以说是我们在卢梭及其信徒身上所发现的理智-情感冲突不休的一种特殊表现形式。勒南曾经有些笨拙地谈到自己,说他自身性格中的一半向另外一半挤眉弄眼地做着鬼脸。确实,在任何意义上讲,无论是语言、历史还是宗教,勒南都完全符合我们的"文献学家"的定义,日后他简直可以被视为19世纪这种类型的学者的最佳代表。同时他也是一个印象主义者和浅薄涉猎者,在某些方面,特别是在他的"风格"观上属于人文主义者——现实中的人性就是这么复杂。最初他是一名杰出的然而也是不可救药的主观主义思想家,他滥用自己的性情而流露出卢梭主义者的无能。于是他对自己思想的严肃性渐渐失去了信仰,最终任其堕落为某种高级的理智杂耍游戏。他最后仍然严肃对待的唯一事物就是他对文献材料所作的贡献。他去世之后,人们在他的工作台上发现了一张记录了他的痛苦的纸条,上面写到,最令他感到满足的成就是他搜集的闪族语铭文。这是他所有研究工作中最为枯燥的一项学问,而且委婉地讲,他在上面所花的工夫也最少。

当然,今天的大多数文献学家并不是勒南。文献学这一学科本身对观念或表达观念的艺术并没有什么促进作用,而勒南至少具备了这两方面的才能。不过,即便是在一般文献学家展现其阳刚一面的科学方法当中,也常常存在着阴柔或随意涉猎的方面。他们经常将严格的文献功夫与同情、欣赏这类印象主义的性情结合在一起。至于判断和选择的个性,他们或者是自身不具备,或者是不能理解别人的这些性格。除了文献考订之外,他们最欣赏的是浅薄涉猎者的明白易懂,而且他们自己有时也会成功地做到这一点。

文献学和印象主义的这种怪异组合有时会集中于同一个人身上,但更多的时候各自独立存在。这一现象贯穿了我们的整个语言教学活动,而在英语教学中很可能是最为明显的。在一般的英语系中,研究哥特语、古斯堪的纳维亚语和盎格鲁-撒克逊语的中世纪文献专家处于一端,而半通不通的浅薄研究者则处于另外一端,他们开设"日常题材"的课程,像古希腊的智者一样对纯朴的青年讲授空洞无物的表达技巧。

相比之下,文献学家显得更有条理,他们通过掌控博士学位制度把持了高升的途径。而半吊子的研究者则普遍处于从属地位,并且常常因其柔顺的性情而与这个地位显得很般配。确实,说具有科学的而不是文学的训练及成果的人已占据了国内大部分比较重要的古代文学与现代文学教席,也许这并不是夸大其词。上述情形表面上看显得很荒谬,在某些方面甚至是一件丑闻。但我们很难指责文献专业"辛迪加"的春风得意,因为这个问题本身很复杂,而应该同情大学校长们的茫然失措才是。年轻的哲学博士至少已经接受了这门材料性课程的规范,并在刻苦研究方面显示出了一定的能力。而浅薄的涉猎者可能除了风雅的享乐主义(epicureanism)之外总是乏善可陈。众所周知,疏懒的性情与对精确性的厌恶会把他们打扮成文学的爱好者,从而大学校长们的好恶取舍常常是很有道理的。

然而,正是由于承认博士学位即可证明某人适于担任文学教席,文学的人性更进一步被摧残,而我们的大学亦因此陷入了文献学的"独裁统治"。现行学位制度对博览群书、思考深刻者并无激励作用,倒是鼓励了那些在研究中展示出娴熟技能的人。通过这种方式,它怂恿学者在仍然需要广泛阅读与思考之时便为时过早地勉强追求"创新"(originality)。因此,一切整顿人文学科的方案之关键,似乎都在于找到现行博士制度的替代物。现在我们所需要的,是杜绝有孱弱或懈怠之嫌的文学训练,以及支持思想性学科而非材料性学科的学位。我们的语言教学要想从亚历山大主义中解脱出来,就必须比现在更加强调文学与思想之间的关系。亚历山大既拥有艺术审美的天才,也拥有文献行业的巨子。但亚历山大的学术声望颇为可疑,因为它无法使其唯美主义或文献考据具有生机活力,而且总体来说也未能刚健有力地把思想付诸实践。检验一名学者是否合格,最终的标准必须是看他有无能力穿透材料,控制自己的主观印象,并通过某个核心意图把它们结合在一起(ergo vivida vis animi pervicit①)。在我们的语言教师身上,令人感到不安的并不是他们缺乏科学方法或审美的能力,而是思想上的无能。我们的一些古典学学者在纯粹语言研究方面已经作出了杰出的贡献,许多现代文学学者则不仅在语言研究方面,而且在文学史——这些文学史本身就属于文学——研究方面也取得了突出的成绩。但是从我们的古典文学教师那里,我们没有获得任何与英国的布彻教授或法国的博西埃先生所写的著作旗鼓相当的作品,但这些著作其实都属于人文学术研究的中常水准,同时我们的现代文学教师也常常不能把已经完备的形式和成熟的概括结合起来,但这在法国的博士论文中却是司空见惯的事情。

国内某位具有德国式训练背景的学者明显感觉到了人们对现有博士制度日益增强的不满,他也承认美国的学位论文应当试着把德国学术的坚实厚重与法国学术的完美形式结合起来。不过,令人满意的博士论文并不是通过这种简单的办法就能了结的。大多数德国学位论文——至少是在文学专业领域——其内容之浅薄与形式之粗糙程度是一样的,而法国论文的完美形式的价值仅仅表现为它们是成熟内容的外部标志。大型图书馆中的德国论文成百上千,可是我们在研读这些论文时很少不会感到一种理智的晕眩。美国的学术应当为自身提出更

---

① 此拉丁引文出自卢克莱修的《物性论》:"从而灵魂的鲜活力量实现了统治"。

高的目标,而非加入这股研究大潮。

看来,美国文学研究的希望在于质疑那些对于受过德国式训练的文献专家来说不言自明的东西。后者不但认为美国研究生院的主要目的是培养研究人才,而且认为我们的研究生因此具有足够广博的学术准备而有资格马上开展研究。在他们看来——这恐怕也是整个德国学派的想法——存在着两种类型的学者:接受型的学者和创新型的学者。前者事事听从权威的意见,在思想上还处于未成年状态,而后者则通过独立的研究证明了自己在理性上的成熟。但是这种看法忽视了一个极为重要的中间环节,即心灵处于既非被动接受亦非进行创造,而是积极有力地消化吸收这一阶段时,应该如何行事。正是这一忽视,导致我们过高地估计了那些与真正消化旧材料的人形成对照的新材料的发现者。在德国文学研究界,传统与创新要求之间的平衡是最引人注目的一个现象,①德国的文学研究充其量是一种创造性的模仿。缺乏创造性的模仿正是美国当代文学研究所特有的不足,而缺乏创造性的消化吸收则构成了美国当代学术研究特有的一个薄弱点。

我们对德国学术的模仿大多数是有毛病的,非但没有创造性——任何有成效的模仿都必须有创新——而且奴性十足。我们应当为从德国人那里学到的一切而感谢他们,但同时也不应被人愚弄。不加批判地接受德国方法是复兴人文主义的主要障碍。特别是古代经典研究的

---

① 关于这一点,哈佛大学的史密斯教授(Professor H. W. Smyth)在《古希腊保守主义面面观》(Aspects of Greek Conservatism)一文中进行了清晰的论述。——作者原注

德国化,不仅对经典本身来说是毁灭性的打击,而且就我们整个高等文化而言也是一个灾难。就在不久以前,一个人单凭编辑某本拉丁希腊文著作外带主要译自德文本的注释就可以赢得古典学者的美名。对形式和比例、良好的品位、适度和节制、判断力与区别性选择的感觉,这些都应当是与经典研究有关的人文主义的优点,很难说这些方面主要由德国人独擅胜场。但丁曾经在札记中谈到德国人格外缺乏冷静,德国人确实在思想与情感层面时时流露出这种无节制的特点。我们大都承认他们在情感方面缺乏节制,他们的哲学尽管以其深刻性令我们称羡,但常常只是"知识欲"的形式而已,在关乎心灵的问题上并未能遵守节度法则,而常常只是把卢梭这位法国作家的观点用含混晦涩、学究味十足的术语加以表达罢了。① 大概除了卡莱尔之外,柯勒律治最成功地向英美人灌输了对德国事物(相对法国事物而言)夸张、迷信般的敬意——这种敬意以这样或那样的表现形式一直保持到了今天。但即便是柯勒律治也承认德国人有些"过火"(nimiety)。德国人不能够完美地遵守节度法则,这暴露了他们是一个文明仍不够成熟的民族。他们

---

① 关于康德与卢梭的关系,可参看昆诺·费舍尔(Kuno Fischer)的《新编哲学史》(*Geschichter der neuren Philosoie*)第3卷, b. I. cap. xiv, 以及迪特里希(C. Dieterich)的《康德与卢梭》(*Kant and Rousseau*)。费斯特(R. Fester)在其《卢梭与德国哲学史》(*Rousseau und die deutsche Geschichtsphilosophie*)一书中,从相当特别的视角出发探讨了整个问题。我们不应当忘记卢梭对德国之所以产生了巨大的影响,在很大程度上是因为德国人发现自身已有的一些想法在卢梭那里得到了精彩的文学表达。卢梭的气质,与德国人而非英国人在深层更为相通。在这个问题上,约瑟夫·德克斯特(M. Joseph Texte)的著作《卢梭与文学的世界主义》(*Rousseau et le cosmopolitisme littéraire*)是有误导性的。关于卢梭在德国的影响,最好的概括性论述是黑特纳(H. Hettner)的《18世纪文学史》(*Literaturgeschichte des XVIII Jahrhunderts*)第5卷。——作者原注

获得了科学的方法与极为渊博的知识,同时他们始终具有充足的热忱,正因为我们自己在某些方面与德国人并无二致,所以才更应该向和我们的优缺点都不尽相同的对象学习。法国人远非完美无瑕,但与德国的生活方式相比,法国的生活方式与我们更有互补性,因此接触法国更有可能使我们走向人文主义者所希冀的完美境界。

特别是在博士论文这个问题上,我们的做法至少可以从英国和法国那里得到有益的启示,因为这两个国家都拥有比德国更为悠久的文学传统。例如,牛津大学的一等奖学金与我们美国大学生的奖学金没有多少相似之处,但它所提供的学术训练在难度方面与攻读博士颇有一比。不过这是一种完全不同的训练,它既是对人文知识消化情况的考察,同时又是彻底性与精确性方面的训练。此外,法国人在教育领域有和德国的高级中学相对应的公立中学(lycée),他们不会像德国人那样立刻走向专业化道路,而且不管怎样都必须拿到学士学位(licence),然后往往要通过教师资格会考(agrégation)——这需要多年的知识吸收,然后才能开始其专业研究。圣伯甫本人就是一名最杰出的、最精细的研究者,但他甚至也对这些限制感到不满,认为过分强调"创新"与研究对法国的人文写作造成了伤害。在我们这个时代,布吕内蒂埃表达了同样的不满,但他的态度就不那么客气了。正如圣伯甫所说:"学者与注疏者的时代已经重新开启。"圣伯甫所预言的新亚历山大主义(new Alexandrianism)已经被我们的现代文学教师所证实,他们热衷于索引编撰、方言研究和拼写改革,然而缺乏真正具有思想性的成果。

如果我们像在英国和法国一样采用适当的学位制度来引导、激励学生，那么我们落后的文学研究兴许会得到改观。诸如牛津名牌学院的一等奖学金或法国的优等毕业证书本身并不一定适合我们的需要，但它们至少证明，代表了阅读与消化知识程度的学位可以和代表了研究水平的学位一样具有严肃性和广泛性。上述学位制度的基本原则一旦被接受，再根据我们的特殊需要在细节问题上加以调整就是很容易的。设立奖掖本科生和研究生文学研究的总体方案，也许能最好地达到我们所希冀的目标。通过设立研究生奖项，我们可以使文学硕士学位获得迄今为止一直欠缺的意义，而本科生奖项则可以用来帮助文学学士学位重获其正在飞快流失的意义。研究生奖项的期限不应超过两年，也不要试图涵盖一国以上的文学；如果是那样，它必须以本科阶段获得奖项为前提，且该奖项与哈佛大学新近设立的文学研究奖项一样兼顾古典与现代领域。

有些人单凭在《高德弗华辞典》(*Godefroy's Dictionary*)中搜罗古法语介词的用法来展示其原创性，和这种人相比，谁会否认广泛阅读了古代和现代经典的法语教师对一般大学来说更加有用呢？与通宵达旦地辛苦撰写论文、辨析"*dum, donec, quoad*"①用法的人相比，谁会否认通晓柏拉图和亚里士多德本人的思想且了解他们与人文传统之联系的古典学学者更能促进本学科的发展呢？一名成功的奖学金候选人应当像法国的 *agrégé*② 那样，而不是美国的博士那样直接为将来的研究工作做准备。如果他真有研究天赋的话，那时就可以和 *agrégé* 一样在闲暇

---

① 拉丁语，意为"直到、到现在、达到"。
② 即获得 *agrégation* 教师资格证的毕业生。

无事之时发展这种天赋,并最后发表出可与法国博士论文相媲美的成熟著作。研究生的年龄阶段一般都能掌握科学的研究方法,无论在单纯的语言研究方面还是在史实研究方面,他们都可以成为杰出的材料搜集者;但成熟的判断力——只有它才能使文学研究具有价值——却如朗吉努斯①所言,如能获得,也仅产生于多年经验的结晶。具有文学品位的学生不应在自己仍需要吸收知识的阶段就花费时间进行创造性的研究。

我们提出的新学位制度虽然不那么强调研究,但它应该使思想性学科建立在材料性学科的基础之上。应当彻底掌握语言——不仅是语音、词汇和语法,而且是作为能够恰当、优美地表达思想的媒介工具。如果学生没有受过前期学术训练甚至是一般的精确性训练,我们就打算在思想层面培养他们,这等于希望他们在学会走路之前就学会飞翔。对我们的文献学家目前正在使用的方法加以反拨并不难:如果这场运动仅仅是给一知半解者带来福音,那么这比没有任何作用还要糟糕。文献学家在其批评者的刺激之下,往往会选拔若干半吊子研究者来装点文学的门面。如果文献学家必须在人文主义者和浅薄涉猎者之间进行选择的话,他多半会选择后者,这可能是由于其隐约受到了自我保护的本能的影响,但更多是由于——正如我们已经注意到的——他们在天性上属于秘密同盟。事实上,现在更大的危险来自半吊子研究者而不是文献学家,如果我们把文献学家的浅薄作风也包括在内的话。在晚近的科学研究中,19世纪的独断论思想——它常常和中世纪的神学

---

① 朗吉努斯(Longinus,? —?),古希腊作家,著有《论崇高》等。

一样根深蒂固而不自觉——已经越来越少见了,文献学者的倨傲态度也一定会随着科学家的独断论思想的改变而逐渐消失。人们甚至可以看到文献学者越来越急于表现出文学的姿态了。他不仅使自己和自己的朋友相信,而且也让大学校长们相信他是"文学人"。确实,如果"文学"这个词继续像现在一样被滥用的话,用不了多久,人们就会不得不把它彻底抛给浅薄涉猎者和浅薄的文献学者了。文献学专家在教授文学课程时,常常使用说服的手段来代替真正人文的方法,这样说一点也不过分。圣伯甫说过,在月光下远观,文学的文献专家和人文主义者几乎会被误认为是一回事。人们一般分不清文学和文学史,文献学家乃从中获益。他还常常拥有狂热和审美的气质,这些东西比判断力更容易获得,也更受大众的欢迎。不过,当他试图处理一般观念,特别是把这些观念与高于自身性情的某种东西联系起来的时候,他往往会暴露自己的真实面目。

现在进入大学教书的人文主义者不应低估他可能遇到的困难。他会发现古典和现代文学被控制在文献学"辛迪加"手中,历史学由于科学方法的滥用变得毫无人性,而政治经济学自始至终就不是一门人文学科。① 在这种情形下,人文主义者将不得不承担起华兹华斯曾谦逊自担的任务,即创造出将来能够欣赏自己的审美口味。他多少会脱离

---

① 正统的政治经济学从一开始是人道主义的而非人文的。在它看来,人类的目标不是获取智慧而是生产财富。因此它往往用量、功率这些术语来化约一切事物,结果往往诉诸各种混杂在一起的利他主义的同情和"开明自利"。当然,任何事情都因人而异,沃尔特·白哲特讲授的政治经济学就比许多美国古典研究者讲授的柏拉图更富有人文色彩。——作者原注

自己的同行,尽管他会吸引一些比较认真的学生,但不一定会在本科生中间马上得到普遍的接受。自幼儿园以来的长期实践结果使美国的大学生常常掌握了非凡的技巧来躲避一切学术训练。如果他选修了一门具有人文精神的课程,他可能主要从中接受了文献材料方面的训练,附带才是文献学学者一般不太关注的思想训练。浅薄涉猎者较少关注学科的整体问题而更爱卖弄机智与风趣,许多学生偏爱他们所开设的课程也就不足为奇了。我曾现场听到一位很有思想的人说:智性终将产生影响——哪怕在大学教师中也是如此。同时他辞去了大学教职,找了另外一份工作,因为他担心自己如果不这么做,就会遭受德莱顿笔下人物阿奇托弗尔(Architophel)的命运:

> 但他还是看到了自己的命运受阻——
> 成群的傻瓜拦住了他的去路。

现在有思想的人在学术上不被承认,倒是那些把文献考据和印象批评似是而非地混为一谈的人最能得到承认。选择不合时宜的艰苦思考,不走名利双收的道路,是需要勇气的。

不过,我们应当对文献学家们宽容一些,因为他们的难处不在于故意敌视思想,而在于看到思想时根本无法辨认出来。这种无能最好地解释了我们古典系科所处的困境。某委员会最近调查了美国东部一所大学,报告说那里选修古典课程的人主要是一些"死用功"的学生,他们把这些课程视为日后教学所需的专业训练的一部分,但是却有大量本科生为了增强文化素养而选修政治经济学。我们的古典学教授往往把自己看作不可避免的潮流和命运的牺牲品,在这样的时代精神之下,古典学研究的确如临大敌。但这个敌人并不是不可战胜的,美国公众对布彻和莫瑞(Murray)两位教授——他们同时也是有思想的人——迅速作出的回应就说明了这一点。我曾经在别处试图说明,英国的人文主义并不完全适合我们现在的需要。但是我们不应无限期地忍受德国的梦魇,最好还是努力邀请牛津的顶尖学者来美国担任古典文学教师。罗兹奖学金获得者(Rhodes scholar)如能不时回国任教,则也可起到一些作用。在牛津受过学术训练的人至少有可能知道柏拉图和亚里士多德研究的现状,而这已经是很大的收获了。

如果能够采取更加自由宽松的研究方法,我们便有望在不久的将来让更多的、更好的美国学生学习古代经典。我曾经认识一些无论在古典文学还是现代文学方面都属于第一流的学生,这些学生由于厌恶当前博士学位的要求便决然掉头而去。我还认识另外一些人,他们虽然接受了这些要求,却在精神上感到十分痛苦。如果是没有毅力掌握文献功夫的半吊子研究者,我们可以不用管他们的抱怨哀号;但如果是那些具有人文主义倾向的学生也被文献学家建起的铁丝网挡在了文学教学的大门之外,那问题可就严重了。

这说明实行新的学位制度是合理的,我们应该彻底改革现有的学位要求。当然,问题的症结不在于设计一套新的学术机制,而在于改变当前盲从博士学位的那种意愿。要想使我们的古典或现代文学研究走向开放,这是一个必不可少的前期准备。我们必须首先具有这样的精神，同时不应忽视自己所使用的方法。斤斤于方法问题不免有些半吊子学者的味道；有正确的方法却没有强有力的人，或者是有强有力的人却没有正确的方法，同样无济于事。如果抛开使用的研究方法并具体到个人，也许我们的古典文学研究者和其他任何系科的人都同样有能力。

出于上述及其他一些原因，我们似乎需要采用新的学位来补充——如果不是取代的话——现在的博士学位。此种新学位将适当重视艺术的鉴赏力和语言的精确性，但最重要的是要强调广博的阅读，以及将此种阅读联系起来的能力，从而为训练有素的判断力打基础。这样，我们就有望在文献学家和浅薄涉猎者之外拥有人文主义者，而我们的文学教育也就不会像亚历山大学派那样变得干枯朽烂。

第六章　合理的古典研究①

斯威夫特②教长在讲述御书房中的古今书籍之争时,非常明智地没有交代这场交锋的最后结果如何。这场冲突甚至还未结束,尽管优势越来越倾向于崇尚今人的一方。一方面出于无意识地流动转移,另一方面也通过有意识地选择方向,今天世人似乎正在逐渐远离古典。随着吸引注意力的事物不断增多,现代人的心灵往往通过自我保护的本能,把一切只是表面看来不重要的东西弃置不顾。

于是,如果让古典文学教师充当辩护者的一方,就会产生这样一个问题:他的处境在多大程度上是不可避免的,而这一处境又在多大程度上源于他无法令其方法适应现有的需要?现今的古典作品讲授方法反映了我们整个高等教育近三十年来发生的变化。在此期间,参考德国的专家培养方案而建立的研究生院发展起来,并且强加在几乎完全属于另一传统的本科生培养制度之上。美国建立的第一所上述研究生院即约翰·霍普金斯大学研究生院,这个学院为获得德式博士学位采取

---

① 不妨指出,本篇写作于1896年,与本书中其他文章的写作年代相距六至十一年不等,其中谈到的某些情形已经发生了一些变化。——作者原注

② 斯威夫特(Jonathan Swift,1667—1745),英国讽刺文学大师,曾任都柏林圣帕特里克大教堂主持牧师,著有《格列佛游记》《一只澡盆的故事》等。

了各种激励措施,这是美国教育史上一件非同寻常的大事。带着某种接近于狂热的东西,吉尔曼校长打算由此把德国的"科学精神""严格科学的研究方法"以及进行研究与创新工作的本能引进美国学生的智性生活。引进的结果充分证实了他的预期想法。在涉及精确掌握手头课题、努力实施研究计划、把握细节等一切方面,美国的学术研究水平近几年来有了大幅度的提高,而且还会这样发展下去。我们的大学正在变成一帮耐心而勤奋的研究人员的组织,这些人声称在各自的领域里可以与德国人并驾齐驱,就像贺拉斯宣称罗马人已然不逊色于古希腊人时所说的那样:

> 我们到达了命运的巅峰;
> 在绘画、音乐、角力方面都超过了希腊人。①

不过,即便是在认可德国科学精神的益处的人当中,也有许多人察觉到了其中的危险和缺点。这时开始出现了一种相反的观点,反对简单粗糙地应用德国的方法来适应美国教育的需求。今天人们不会仅仅因为一位研究者对十多篇中世纪动物寓言(beast fables)的文本作了批判研究,或著有关于皮卡尔方言②研究的论文,就相信他适合法国文学的教

---

① 原文为"*Venimus ad summum fortunae*; *pingimus atque / Psallimus et luctamur Achivis doctius unctis*"。

② 皮卡尔方言(Picard dialect),比利时法语区使用的法语方言之一,包括瓦龙语、皮卡尔语、向布诺瓦语和洛林语等。

席；也不会仅仅因为某人撰写了一篇关于马塞林①著作中现在分词用法的论文，便认定他有资格向美国的大学生讲授人文学科。有些人会在更广阔的背景上来看待这一问题，指出德国式的科学已经开始流露出衰败的迹象，这与亚历山大学派导致古希腊科学走向衰败的情况颇有相似之处。马修·阿诺德宣称他所处的那个世纪②盎格鲁-撒克逊人的巨大失败在于过分相信机械装置和物资设备。难道我们就不能同样指出，德国人在这个时代的巨大失败就在于过分相信其思想性的装置与设备吗？现代科学的趋势是越来越细密的切割与分析，由此产生出的杂乱细碎的成果，除了是思想的机械又能是什么东西呢？在德国，长篇累牍的专门研究，在细枝末节问题上的探讨，与盎格鲁-撒克逊世界中愈出愈繁的机械发明是同步发展的。有时候人们会绝望地发问：19世纪的主要成就是否就在于积累了一大堆机械，从而使得20世纪不堪重负？在康奈尔大学图书馆，仅是专门研究但丁的著述就达到七千卷以上（这里不妨顺便说一句，其中大约有四分之三的图书几乎完全没有价值或价值不大，往往只会把好好的论题搞得一塌糊涂）。如果遵循现代为专门研究而设立的标准，研究者仅仅为了掌握研究但丁及其时代的专门工具，也有可能会付出这一危险的代价，即丧失理智的均衡与分寸感。

　　追求认识的方法与工具而遗忘认识的目的，这种倾向在古典研究领域中或许表现得最为明显。我们这么说，并不是打算贬低19世纪的

---

① 马塞林（Ammianus Marcellinus，325？—395），罗马史家，著有《事迹》。
② 即19世纪。

学者们，特别是德国学者为古典研究事业所付出的辛劳。在进行文献整理与细致批评时，他们采用的是首先由本特利①明确规定并系统加以应用的方法，但就其主要特征而言，仍是遵循了文艺复兴时期伟大学人的做法。那么，如果人们说这些从古代流传下来的、数量受到严格限制的文献资料主要是科学研究的对象，这种看法是不是有些荒谬呢？在中世纪将法兰西从无政府状态中解救出来的封建制度，到了18世纪竟发展成了一种最糟糕的过时事物；与之相似，文艺复兴初期所需要的那种抢救并复原古代作家作品的方法，如果在该项工作已经全部完成之后仍然坚持不放，那么它也会成为一种明显落伍的做法。在16世纪产生的斯特方②与卡佐邦③的研究方法，到了今天也只能为我们提供"一名德国博士对在前人话已说尽的领域里找话说的工作感到绝望，并渴望将自己新发明的云迷雾罩的理论加以应用"这样一幅景象罢了。随着古代文献得到越来越全面的研究，专门研究者也就必然越来越关注微观的方面。确实，当代古典文献学家往往令人想起日本某派佛教徒的观点，他们认为解脱乃是通过认识无穷小的事物而达到的。近来已经有人通过撰写关于古代马鞍和古罗马门钉的论文来展示他们是多么适合讲授人文课程了。

---

① 此处当指理查德·本特利（Richard Bentley, 1662—1742），英国古典研究大家，曾编校西塞罗的《图斯库鲁姆》与贺拉斯的《诗集》。

② 斯特方（Henricus Stephanus, 1531—1598），法国人文主义者、出版家。1578年出版三卷本希腊-拉丁双语对照《柏拉图全集》，对后世产生了巨大影响。他为相关文本统一编列页码，每页平均分为a、b、c、d、e五部分，此即斯特方分页法（Stephanus pagination），现为国际学界引述出处的标准依据。

③ 卡佐邦（Isaac Casaubon, 1559—1614），法国新教神学家与古典研究大家。

毫无疑问,古代语文研究寿终正寝的时代还没有到来,尤其是在古希腊文学研究领域,我们不妨引用拉封丹的话来说,"在这个领域中,无论收割得多么彻底,最后赶来的人也总能多少捡个漏"。不过,就算在古典作品中仍然存在可以回报高深学者的研究课题,对于初学者而言,他们是否可以通过研究这样的课题而受益,使之成为本人专业研究的准备工作的有益组成,这仍然是值得怀疑的。在现有条件下,如果一个人为获得古典文学的博士学位而从事上述工作,他是否选择了一种最佳方法来领会古代文学精神甚至只是文字,从而使自己有资格在别人心目中成为研究上述时代文学的代表性人物,这还是大有疑问的。该类研究的支持者们宣称,即便研究者未能取得任何重大成果,他在研究过程中得到的训练本身就是有价值的,也是有助于进一步深造学习的,起码他领略了吉尔曼校长格外强调的那种"严格科学的研究方法"。我们不得不承认,这类研究的倡导者所提出的观点具有很大的真理性。用歌德讲过的一句名言来说,通过本人的能力使自己集中精神并在限制下工作,大师起初就是这样产生的。这样一来,德国式的科学研究方法迫使我们集中精神在种种限制下开展工作,由此提升了我们的注意力的集中程度以及牢固掌握特定事实的能力,因此不论我们如何高度评价这种方法都不为过。如果一个人深受所谓"松散的文学思维习惯"之苦,那么让他经受精密研究的训练就是对症下药之法。缺乏在规定之下工作与牢固掌握确定事实的能力,是性质极为严重的一种毛病,即便对于爱默生那样的人来说也是一样。

由此问题便产生了:如果我们通过牺牲广博(breadth)来获取精确

性与科学研究方法,这个代价是不是太大了?博士论文并不能说明研究者的真实水平,我们是否可以为如今在牛津和剑桥备受推崇的学者们设计这一类性质的考试,即尽可能充分涉及古代生活与文学各个方面的测试,来考察其知识的广度与精确程度呢?我们的确需要某种考试来验证考试者的总体素养与专业水平、对概念的熟悉程度及其对古代语言之机制和精神的把握。

当今流行趋向的危险之处,主要在于人们不能把语言的精神与机制区分开来,不愿承认文学研究在考据整理工作之外还有另外的要求。有一种观点似乎正得到越来越多的支持,即认为文学研究就其本身而言没有什么用处,它很难摆脱一知半解的浅薄作风,除了堆砌大量精致的修饰语之外不会有多大作用。据说,某东方学院的一位古希腊教授称教古典文学作品无非就是翻来覆去地谈论"美"这个形容词罢了!又据说,严格科学的研究方法需要通过艰苦的努力才能获得。而如果一个人具备了一定的、适当的"天生本能"(native instinct),他的文学鉴赏力自然不在话下,但他如果不具备这种本能,那么任何外部压力都无法弥补这一缺憾。从而"严格科学的研究方法"及其神奇的力量才是我们应当不遗余力去学习的,而文学审美口味则可以列入道格培里①所谓自然产生之物的清单之中。正是凭着这样一种情绪,文献考据逐渐将文学研究赶出了美国东部的各个大学。我们不妨问一句,持上述观点者难道不是过分强调了这种方法对个人的影响,同时却没有考虑

---

① 道格培里(Dogberry)是莎士比亚戏剧《无事生非》中的一个人物,常用来指代无知而自负的官吏。

到它对形成某种潮流可能产生的后果吗?长远地看,任何一种特定理想都会逐步促使大部分普通人——这些人会直接呈现出自身所处环境的特点——几乎不可抗拒地向着该理想走去。如果被强调的是古典文学的细枝末节,那么对于细小事物的嗜好就会像传染病一样在古典文学研究者队伍中广泛传播,用不了多久,我们就会面临"学究做派"这种流感的威胁。就和某种特殊种类的植物需要适宜的土壤与气候才能开花结果一样,特定学问的繁荣也离不开适宜的学术研究空气。我们很难设想在柏林大学目前的条件下会产生出乔伊特①这样的学者来。除此之外,我们还应当考虑到这样的危险:假如还要进一步推广现在的研究模式,那么在文学方面具有"天生本能"的青年就有可能会被驱逐出古典文学研究的殿堂。这种类型的青年不一定想被教育成将来的编辑,他们或许只想成为高雅文学的爱好者。对于这些青年来说,在古典作品研讨班上花几个月的时间学习如何"折磨"文本或若干贺拉斯颂歌的意义,恐怕并无吸引力可言,这简直就是——

用成千上万种方式来拷问一个可怜的语词。

确切地说,某些科目,特别是英语文学中,存在着非常现实的危险,即教育可能会变得过分偏向纯文学。在美国东部某所大学的学生看来,"文化课程"意味着学生选修这门课时不需要做任何事情。相对于

---

① 即本杰明·乔伊特(Benjamin Jowett,1817—1893),英国古典学者,以翻译柏拉图的作品而闻名。

现代语言而言,拉丁语和希腊语具有许多优点,其中主要的一点就是:仅是掌握古代作者作品的义涵就足以构成讲授该课程的筋骨,而教师则可以用文学阐释的血肉对之加以充实。我们自己这种粗暴而具有实证倾向的文化具有的优势,不是那种文献学的倾向,而是对于文学以及想象性的事物所具有的天赋。但如果任其自然发展,这种天赋很可能会无所作为。据欧洲人讲,枯燥无味、注重训诂的心性构成了美国学术研究的一个明显标志。我们不应在古典研究领域过分强调文献学以助长这种心性,而是应当鼓励提倡把它作为文学来对待,从而抵消化解它的影响。相对于其他学科而言,我们在古典文学领域永远不能忘记这个事实:学习的目的是消化知识而不是积累知识。相对而言,研究古典文学不应关注单纯的"渊博知识",除非它已经转化成为文化,而文化只有人们充分浸淫其中时才是圆满的。蒙田曾在他的一篇随笔中说过,他爱的是铸造心灵而非修饰心灵。蒙田这句话中所包含的隐喻多少有些混乱,但是其中所表达的观点却值得生于学术季世的人深思。随着以往流传下来的知识总量不断增加,在接受知识与消化知识之间保持正确的关系也就变得越来越困难,而知识——根据最伟大的印度圣人的说法——乃是智慧的源泉。佛陀指出:"没有知识就没有反思,没有反思就没有知识;同时兼有知识与反思者便接近涅槃的境界了。"

今天我们所面临的风险在于,我们的心灵已经被沉重的信息资讯所湮没。对于这些信息,我们缺乏内在活力与反思能力来为我所用,并转化为有机的营养成分。我们必须警惕那些不过是信息搜集者的人,不能让他们不恰当地占据平衡处理知识与反思关系者的上风。比方说,假如我们认为,检验专业水平的唯一尺度,就是学究们在大量繁琐研究中表现出来的对古典作品的熟悉程度,那么我们就赋予了学究式研究与其不相符的价值。这意味着抬高了那种消极被动的理智补给工作,对于当代学术研究来说极其有害。它鼓励人们放弃一切原生的、自发的思考,从而仅在某一小块知识领域成为他人观点的记录员或仓库。那些情愿把自己的心灵降低到纯粹机械功能的人常常因此可能熟练掌握材料,并对那些更广泛地运用知识的人作威作福,正如霍姆斯(Holmes)在评论社会时指出的那样:在学者当中,虽然有些家伙掌握了一定数量的"品质欠佳的事实,并被他们带入了高尚的朋友圈,但这些事实却像牛头犬一样轻易地从巧妙的建议、合适的概括或愉快的想象那里溜掉了"。在注重本然事实的人与注重一般规律的人之间,在具有冷冰冰的理智的人与具有思想和想象力的人之间,向来存在着一种发自本能的反感。贯穿整个人类历史,我们都能发现这种把心灵划分为两大阵营的仇恨情绪。在中世纪它们以"实在论者"(Realists)和"唯名论者"(Nominalists)的面目出现,彼此论战交锋。印度教最古老的一本圣书的作者也诅咒了两类人——一类是只关注文辞的语法家,一类则是只关注美食的饕餮之徒——认为二者均无望获得最终的解脱。

如果错误只存在于其中一方,那么这些争吵很快就会结束,这一点已经多次被人指出。我们不妨把这个真理运用于这里的论战:就其实质而言,这场论战乃是产生于喜爱综合者(lovers of synthesis)与喜爱分析者(lovers of analysis)之间的对立。爱默生曾在一篇讨论柏拉图的文章中深刻指出:古希腊人的主要优点在于他们发现并占据了介乎综合与分析之间的适当中道,这一直也是真正学者的目的所在。

旧人文主义——这在今天的牛津大学仍可见到——具有许多令人称羡的地方,不过它在某些方面已经变得过时而不足以适应时代的要求。正像我们在沃尔特·佩特①那里所看到的,旧人文主义有时会导致超美学的(ultra-aesthetic)、享乐主义的生活态度,即退回到自己的象牙塔中,仅仅在古典文学中寻求精致慰藉的那种倾向。不过,这种英国式人文主义的毛病在于,它过于把古典作家当作孤立的现象来对待,而未能以更加广阔的、有机的方式将其与当代生活联系起来。古典文学作品需要注入新的生命与兴趣,这不可能指望通过重振旧人文主义来完成,而要更广泛地应用比较和历史的方法。在此我们得赶快补充一句,这些方法必须为观念所渗透并诵过绝对价值感(a sense of absolute values)而得到加强。特别是拉丁文学,它完全是从古希腊文学衍生而来的,此后又对现代世界产生了千丝万缕的影响,任何对个别作家单纯的、割裂的研究都完全不能说明问题。每个作者的作品首先都应当就其自身的具体情形加以考虑,但同时也应把它们作为古代与现代世界一脉相承的发展链条上的一个环节而予以研究。

只有让美国的学者从内心真正感受到这个传统的连续性,我们才能以有效的方式在他心中树立起此前明显缺乏的对历史的正当感受与敬意。如果说,其他国家的弊端在于过分尊崇历史,那么,今天美国的

---

① 沃尔特·佩特(Walter Pater,1839—1894),英国文艺批评家与散文作家,主张"为艺术而艺术",著有《文艺复兴史研究》和小说《伊壁鸠鲁信徒马利乌斯》等。

失误则是过分沉迷于当下。在美国各城市的中心地区,没有像罗马万神殿或巴黎圣母院那样的标志性建筑拔地而起,默默对抗廉价、喧闹的时尚风潮。继承自18世纪的人性可完善的理论(human perfectibility),到晚近的进化论,特别是美利坚民族自身的历史经验,所有这些因素联合起来,在普通美国人的意识中隐秘地发挥着作用,于是他们几乎是出于本能地相信当前的十年比前一个十年要好,而且每一个世纪都比上一个世纪有进步。然而,在文化积累的过程中,人们首先必须认识到,凡是运动未必都意味着进步,而衡量文明程度的标准不在于新建摩天大厦的数量。摆脱对于当下的盲从状态,这可以算作研究古典文学带来的一项主要好处。然而不幸的是,肤浅的现代主义(modernism)思想使许多人完全疏离了古典,并往往打消了人们(甚至是古典学者)克服困难所必需的信心与热情。

在美国人所有活动的中心确实常常萦绕着这样一种模糊的意识:他们的生活可能从根本上而言不够深刻,不够有尊严,但他们很少把上述不足的原因成功地追溯到以下这些方面,即他们的生活缺乏底蕴和前景,而且他们自身对过往历史也没有一种正确的感受,而正如有人曾经正确指出过的那样,这种感受比其他任何东西都更好地构成了文明人和野蛮人的区别。前面已经说过,就古典研究而言,这种感受不是依靠各自为政的研究得来的,而是通过说明这些作家作品和现代生活有着千丝万缕的联系而得来的——古代生活和现代生活之间并没有人类心灵无法跨越的鸿沟。从而,古典文学教师的重要职责之一,就是跨越鸿沟、充当连通古希腊-古罗马世界与现代世界的桥梁。如果他希望能够合格地完成这一任务,那么无论他进行多少准备或具有多么丰富的文化素养都不为过。这需要他在了解古代的世界和文学之外,对现代世界和现代文学也有大致同样程度的了解。一名理想的古典文学研究者,除非他有能力在各个源流中理清古希腊和古罗马思想的主要脉络——按照马克斯·缪勒①的说法,这一思想像火一样在现代文学的血脉中奔腾流淌——否则就不应沾沾自喜、止步不前。以维吉尔②为例,要研究他不仅需要熟悉古典时期的"维吉尔",也需要熟悉后来的那个"维吉尔"——诱导中世纪想象的那个魔幻"维吉尔"、作为但丁向导③的那个"维吉尔"等等——乃至丁尼生④的美妙颂歌。如果他研究的是亚里士多德,他就应当能够展示亚氏通过拉丁文传统或间接通过阿维罗伊⑤等阿拉伯学者对中世纪和现代欧洲思想所产生的巨大影响;如果他研究的作家是欧里庇得斯⑥,那么他应该知道欧氏在哪些方面影响了现代的欧洲戏剧,并且有能力对欧里庇得斯的《希波吕托斯》(*Hippolytus*)与拉辛的《菲德拉》(*Phèdre*)之间的异同作出比较。如果他研究的内容是斯多葛思想,那么他应该能用斯多葛派的"完善"理想

---

① 马克斯·缪勒(Max Müller,1823—1900),德裔英国东方学家和语言学家。

② 维吉尔(Virgil,前70—前19),古罗马诗人,著有《牧歌》《农事诗》以及史诗《埃涅阿斯纪》等。

③ 在《神曲》前两部中,维吉尔以作者精神导师的面目出现,带领但丁游览炼狱和地狱。

④ 丁尼生(Alfred Tennyson,1809—1892),英国桂冠诗人,著有《尤利西斯》《悼念》《国王叙事诗》等。

⑤ 阿维罗伊(Averrhoes,一作 Averroes,1126—1198),伊斯兰哲学家,曾评注过亚里士多德的作品与柏拉图的《理想国》。

⑥ 欧里庇得斯(Euripides,前485?—前406),古希腊三大悲剧家之一,著有《希波吕托斯》《特洛亚妇女》《美狄亚》等。

(the stoical ideal of perfection)来对照圣波拿文都拉①和圣托马斯·阿奎那②等作家所赞美的基督教的"完美生活"理想(the Christian ideal of the perfect life)。在关注迄今所有研究成果的同时,他也不能忽略用希腊文和拉丁文撰写的教父文学名篇,因为这些著作表明了古代思想是通过何种方式过渡为中世纪思想与现代思想的。上面为数不多的几个信手拈来的例子都说明了,比较方法的应用可以是多么广阔而富有成效。

同样,如果用更加自由的方法来代替目前使用的历史主义方法,古典研究该会增加多少价值啊!我们是在更广泛的意义上使用"历史主义"一词的:所指不单单是对古代文明中产生的事件加以分门别类,而是对那些导致古代社会盛衰沉浮的不同原因进行调查研究。孟德斯鸠③并没有提供古罗马命运变迁的最新观点。我们所说的这种研究并不妨碍现代科学理论的应用,但结果却远远不限于抽象的科学旨趣,进而还会为我们解决这个时代的问题提供指导和榜样。如果对古人的教导置若罔闻,我们就有可能在国家生活中兴致勃勃地

用最新的方式犯下最古老的罪孽。

---

① 圣波拿文都拉(St. Bonaventura,1217?—1274),意大利经院主义哲学家。
② 圣托马斯·阿奎那(St. Thomas Aquinas,1225?—1274),欧洲中世纪的权威神学家,著有《神学大全》等。
③ 孟德斯鸠(Charles Louis Montesquieu,1689—1755),法国启蒙思想家、法学家和哲学家,著有《波斯人信札》《论法的精神》等。

对古代共和国的历史进行冷静的反思,这会促使我们对自身所面临的众多危险保持一分警醒。这或许能治愈我们那种廉价的乐观主义思想。不管怎样,这也许能让我们意识到马基雅维利清醒认识到的那种倾向,即一个国家有可能

从繁荣昌盛滑向堕落(*Et in vitium fortuna labier aequa*)。

171　这里只需举出一个例子就足够了:有效地组织学习西塞罗的通信,将会对理解当代政治与古罗马政治产生多么大的帮助啊!

　　刚才我们所倡导的古典作品研究方法或许会使人们不再抱怨它们完全远离了当下的利益和需要。正是这种觉得古代经典已经过时的想法,连同美国人性格中根深蒂固的实用主义本能,使得大众普遍认为应当由现代语言文学来代替古典所处的位置。未来的美国学者显然会有机会步那位年轻的女中豪杰、《潘丹尼丝》(*Pendennis*)一书中的布朗施·阿茉莉小姐(Miss Blanche Amory)的后尘;大家可能会记得,她"通过刻苦攻读现代法语作家的小说而完善了自己的心灵"。通过比对美国东部某所大学的课程目录,我们发现大学本科生似乎大多会阅读爱弥尔·左拉的《溃败》(*La Débacle*),而在二十年前他们会被要求看索福克勒斯的《安提戈涅》(*Antigone*)。

172　古代语言和现代语言哪个更具有教学价值?在此我们不打算讨论这样一个重大的问题,但不妨简单举一些例子来说明:无论现代语言文学对于古典研究来说具有多么大的补充价值,它们仍然无法取代古代

经典的位置。

保罗·布尔热①先生最近在一篇自传性文章中对我们说,他在年轻的时候曾经全身心地投入阅读司汤达②、波德莱尔③等人的现代文学作品。但他无论是向自己还是向他人都说不清楚,为什么这些所谓用全部真诚写成的现代作品竟会使他产生一种消极的生活观,并且日后又进一步发展为深深的失望与幻灭。假如布尔热先生当时能考虑到下面这一点的话,他就不会遇到那么大的麻烦了:他所说的这些作家远远未能激发他的意志与理性,而只是诱使他退守一隅,对自己多愁善感的天性作各种奇怪的试验,并从自身的感受能力当中榨取新奇的效果。总之,这些作家向他许诺从生活中可以得到纯粹个人的、美感方面的满足,但我们实际上却无法指望生活本身会履行这一诺言。现代作家并不都是像波德莱尔那样的强烈的主观型作家,但这些作家及其性格缺陷在其作品中的凸显,由于个人经历而对客观生活现实造成的歪曲等现象,在现代文学作品中比在古典文学作品中更为多见。许多现代文学作品仅仅刺激起了一种多愁善感的、罗曼蒂克的奇思异想,而不是像男子汉一样毅然直视存在的本来面目。浪漫主义未必就像梯也尔④所说的那样意味着"公社"(the Commune),不过我们至少可以说,和古典

---

① 保罗·布尔热(Paul Bourget,1852—1935),法国心理哲学小说家、文学评论家,标榜传统的写实主义,著有《残酷的谜》《门徒》等。
② 司汤达(Stendhal,1783—1842),19世纪法国作家,著有《红与黑》《帕尔马修道院》等。
③ 波德莱尔(Charles Baudelaire,1821—1867),法国象征派诗人,现代主义创始人之一,著有《恶之花》等。
④ 当指路易-阿道夫·梯也尔(Louis-Adolphe Thiers,1797—1877),法兰西第三共和国总统、历史学家,曾镇压巴黎公社。

传统作品相比,浪漫主义类型的文学极度缺乏冷静和约束,因此就其对未成年人的心灵会产生的影响而言,这些作品的价值是很值得怀疑的。而上乘的古典文学并不会使我们产生上述情绪,更不会让我们产生某种冲动,相反它总是诉诸我们的更高理性与想象,这些官能为我们提供了逃离"小我"的康庄大道,并且使我们得以投身于普遍的生活。古典文学带领其研读者离开并超越了自身,因而具有实实在在的教育作用。形式最为纯粹的古典精神感到自己是为更高的而非个人的理性服务的,于是便产生了克制含蓄、讲求分寸与处处谨严的感觉。通过使我们的行为日益合乎那一更高的、非个人的理性,它将我们引向了类似于宗教的目的,与

> 深藏在我们自身之中唯一真实的自我、
> 与之同体即与世界同体的那个"一"

日益亲密无间地结合在一起。在这一正确理性的指导与制约下,古代经典作品全面协调发展了人类的一切官能,这样我们便超越了不断重新堕落的可能,从而不至于陷入

> 专横而孤立的思考
> 所铸成的灵肉桎梏、
> 感觉的泥沼或幻想的迷宫。

古代经典作品中蕴含的这一崇高信息,需要积极运用我们自身的最佳官能、知解力和想象力来实现。也许正是因为古典作品具有这种纯粹的吸引力,要唤醒对它们的兴趣才会有那么大的原始阻力需要克服。确实,美国的新闻报纸已经让现代青年无法集中注意力,阅读现代色情小说也使他们的精神萎靡不振,用菲利普·布鲁克斯(Phillips Brooks)的话来说,想让这些青年成为希腊文学者,就如同用油灰来造枪头一样是不可能的事情。能够从古希腊文化中汲取高尚教益的人总归是少数。不过,古典的精神无论在哪里出现,都会产生有益的、塑造心灵的作用:如果人们不能理解品达①的作品,那么还可以欣赏贺拉斯的作品;如果不能欣赏贺拉斯,那么不妨阅读莫里哀②的作品。就整体来说,17世纪的法兰西文学最为辉煌地再现了古典主义精神,如果不是因为美国的学生往往局限于阅读现代二流作家的作品(事实上多半是颓废主义小说),人们本来是可以坚定不移地讲授法国文学的。

颓废小说和其他性质类似的昙花一现的文学作品并非为法国文学所特有,它们在一切伟大的欧洲文学中正以惊人的速度得到发展。自从彼特拉克以来,现代文学变得有些多愁善感,自从卢梭以后都存在着病态的主观倾向,近来更逐步出现了某种特点,除了称之为"神经质"之外,我们实在想不出更好的名称。我们可以转述尚福尔③说过的一

---

① 品达(Pindar,前518?—前438?),古希腊著名抒情诗人,品达体颂歌的创始人。
② 莫里哀(Molière,1622—1673),法国著名剧作家,首创现实主义喜剧,主要作品有《伪君子》《吝啬鬼》《贵人迷》等。
③ 尚福尔(Nicolas Chamfort,1741—1794),法国剧作家、伦理学家,著有《印度女郎》《士麦拿商人》和《穆斯塔法和泽安吉尔》等剧作。

句话:有些现代人写的书之所以取得成功,是因为作者的神经质状态与读者的状态合了拍。精神方面的消沉绝望,即所谓"怠惰"(*acedia*),在中世纪曾被认为是七宗大罪中的一条,在后世反而成了文学创作的一个主要来源。最近,这个黏糊发潮的法国文学流派中的一位代表人物把生活本身界定为"从虚无到虚无的癫痫病发作"。若能从散发毒气的现代文学那儿逃往沁人心脾的古代经典,飞升至更加纯净的天穹,——在那里

光明的精灵的不朽形体/生活在宁和空气的球状界域之中

——这可是需要相当的水平的。

因此我们绝不能认同某些人"现代文学足以代替古代经典"的说法。尽管如此,我们仍然同意另外一些人的批评,即古典文学若想保持其传统的地位,就必须和现代生活的需要与期盼发生更广泛的联系。鉴于以上目标,古典研究必须采取新的方向:既需要向文艺复兴时期诸位大学者的精神看齐,同时也要改进他们的方法。至于目前美国学术界存在的德式研究倾向,还是留给它自己来克服好了。不错,德式研究方法对于美国人的实证主义倾向来说很具吸引力,但经过进一步的了解之后,人们就会发现德国理想的另外一些方面并不合乎自己的口味。长远来看,首先人们无法取得德国专家那种超乎一切之上的客观立场:后者从来不问自己的工作能不能派上实际用场,他甚至不会停下来问问自己所做的事情到底有什么用。古典作品需要通过运用历史方法和

比较方法而受益,同时对夸大德式方法与科学精神的做法加以反拨不会产生任何害处。今天的古典研究需要人们通过加强而不是放松对现当代的把握来理解过去的历史;同样,我们也需要那种介于中学教师和大学专家之间的学者,用更加广阔和开放的精神向美国的大学生阐释古典作品,并且把"自己正在塑造未来共和国公民的心灵与性格"这一意识带入自己的工作当中。以这种方式所理解的古典教学可以成为现实生活的一种最佳阐释,人们也不会像以前那样抱怨把时间浪费在学习死的语言上了。对于后一项指控,我们可以引用洛威尔①在哈佛大学校庆会上所作的演讲来加以反驳。这是近年来所有呼吁以更加开阔的心态研究古典的声音中最为雄辩的一段话,他指出,古希腊人的语言就算已经死亡,"但其中所珍藏的文学仍然充满了生命力,在这一点上,除了莎士比亚的作品之外,将来或现在恐怕都无有出其右者。它对于现代人和对最初的读者一样具有魅力,因为它所打动的不是特定时代的人,而是整个人性本身。人生短暂,但人类的真实灵魂以其永恒手指所触摸到的每一页,无论发生在多么古远的时代,都像我们的前人当年所看到的那样新鲜而美好。'遗忘'凝望着希腊的缪斯,忘记了该做的事情……我们不知道其他研究会把我们带向何方,特别是当它脱离了古典作品的时候,但我们确实知道,古典作品带领我们超越了骚乱的卑下区域,并呈现出了千姿百态的景色"。

我们从来没有像今天这样需要古希腊的精神,如果确实存在外国

---

① 洛威尔(Lawrence Lowell,1856—1943),美国教育家,曾任哈佛大学校长(1909—1933),倡导学术自由,促使哈佛大学获得极大学术进展,著有《原则上的冲突》等。

人所指控的"美国人缺乏尺度与分寸感"这一现象,那么我们这个国家就更加需要这种精神了。马修·阿诺德说得好,正是古希腊的作家们最好地向现代心灵指示了应该走的道路,因为现代人不可能像中世纪的人那样仅仅凭着想象和信仰的官能来生活,另一方面也不能单凭自己的理性和理解力生活。只有把人类天性中的这两个因素结合在一起,我们才有希望获得平衡的发展,而这种理性与想象的汇合,在那个伟大时代的希腊经典中得到了最为完美的体现。能够由此进入古希腊精神的人无疑只能是少数,但仅从他们能在古典作品中获得动力并逃离现时代的幻象来看,这一小部分人将会在各自的圈子里发挥永恒的有力影响。对于这些人,我们可以用《效法基督》(the "Imitation")中的话来形容:"他们从大量私人意见中解脱出来了。"

第七章 古与今

现代语文已经在取代希腊语和拉丁语的过程中大获全胜，它们现在很少感到有在理论上证明自身的合法性的需要。尽管牛津等少数几个古典研究重镇仍在全力维持传统，但古典人文学的式微已成为普遍现象。圣伯甫的最后一任秘书告诉我们，他有一次无意中听到这位伟大的批评家同时也是最后的人文主义者喃喃自语道："古人已经输掉了（Les Anciens ont perdu la partie）。"法盖①先生认为古今之争很快就会平息，因为用不了多久，就没有什么人对古人还有足够的了解而继续这场争执了。最近法国采用的中学教育大纲很可能把法盖先生的妙语变成现实。法国曾经比任何国家都更热心于强调模仿古代作品，甚至把它作为一项教条而强加给欧洲，现在对古典作品的态度却从迷信盲从转向了不屑一顾。

于是，现代语文几乎不费吹灰之力便大获全胜了。这主要得益于它们在实用性方面的吸引力，而它们作为母语更是打动了我们。另外，它们亦得力于妇女在文学和教育领域的影响力不断增长。作为希腊语

---

① 法盖（Auguste Émile Faguet，1847—1916），法兰西学院院士，著有《19世纪的政治与道德》等。

和拉丁语的替代品，它们吸引了大多数人，因为大众在决定研究方向时多少都会有意识地选择那些最省力的学科。与此同时，某些最基本的问题却始终未能得到澄清，比如现代语言，特别是我们的母语，作为训练的工具与文化的手段，其真正的价值何在。我们可以说，现代语文之所以为大众所接受，并不因为它们是训练的工具，而在更大程度上是因为它们提供了回避训练的途径。在那场和卢梭有关的运动①中，同情取代了克制，现代语言随之声势大涨，并因此取得了对拉丁语和希腊语的胜利。为了更好地说明这一点，我们需要简单回顾这场古今之争。

一

纯就文学方面而言，这场争执的第一个阶段已经失去了意义。如果说它在今天仍不无重要性，那是因为它与"进步"这一观念的最初形成密切相关。② 所有参与这场争论的作者和才子当中，可以说只有一个人清醒地感觉到，今人根据什么最终摆脱了对古人作品的模仿，并申明了自身思考与表述方式的合法性。他就是圣埃夫勒蒙（St. Évremond）。当时他已经非常娴熟地运用了后世所说的历史主义方法。他并不认为那些拉丁文和希腊文名著是超越时空的绝对典范，而是气候、宗教、环境等具体条件的产物。既然这些条件已经发生了变化，那么现代文学也有权利随之发生变化。把古希腊与拉丁作家不由分说地强加于人，实际上就忘记了他们（同样也包括现代人）受到普遍

---

① 即浪漫主义运动。
② 里高乐（H. Rigault）的《古今之争》（*La querelle des anciens et des modernes*, 1856）仍是论述这场争执早期情况的最佳著作。——作者原注

相对性(universal relativity)规律的制约。

不过,圣埃夫勒蒙在当时多少有些与世隔绝,因此很难说他作为历史主义方法的鼓吹者产生了多大的影响。① 在古今之争的现代发展阶段,我们只需上溯到卢梭就足够了。卢梭的历史感远不及圣埃夫勒蒙,但他却是浪漫主义运动最重要的发起人,而这场运动最终打破了古典语言作为形式与品位衡量标准的垄断地位。卢梭以感情为名,领导了这场有史以来规模最大的反抗一切权威的斗争。他必然会抨击古典主义那种自许权威,压制个体感受,以不变的标准约束情感的做法。对于古典主义的——确切地讲是"伪古典主义的"——"礼仪"观念,卢梭更是毫不留情地予以抨击,因为这一观念阻碍了自发性,用卢梭的话来说,即是用乏味的"庄严"(dignity)扼杀了心灵的呼声。

等到卢梭的德国信徒赫尔德②出现之后,卢梭主义开始在文学和历史研究领域得到了运用。赫尔德与卢梭的相似之处在于,其作品的外在意义经常大于内在的价值。他作为开风气之先者,具有极其重大的影响。他大概比同时代的任何人都更提倡用同情和想象的方式来阐释过去的历史,并为历史方法的胜利铺平了道路——现在已经证明,这种方法强有力地消解了基督教和古典主义的教条思想。赫尔德在运用历史方法的时候,并没有像圣埃夫勒蒙那样表现出饱经世故者的冷淡与谨慎,而是更多地表现出浪漫主义者和人道主义者的狂热不羁。卢

---

① 圣埃夫勒蒙的最后四十年是在伦敦的流放生活中度过的,德莱顿有时会使用历史主义的方法,在此可以看到圣埃夫勒蒙的影响。——作者原注

② 卢梭之外,英国的思想,比如奥西恩(Ossian)和珀希(Percy)的《遗迹》(Reliques),也对赫尔德产生了影响。——作者原注

梭曾在《爱弥儿》中用"有机的发展与变化"这一观念来改革少儿教育，赫尔德则把这个观念进一步运用于国家或民族。他怀着非同寻常的兴趣探讨了民族性，特别是德国的民族性的起源问题；正如卢梭拔高赞美童年是人类个体的黄金时代一样，赫尔德也理想化了最初的自发和本能阶段。与有意识的学术创作相比，民歌和一切自发产生的诗歌形式更受青睐。在此之前，《伊利亚特》和《奥德赛》一直被认为是某一个体作家的作品，且其创作直接受到勒博叙①制定的史诗法则的制约。但在新理论的影响下，荷马不再是一个人，而成了民间歌谣合集的代号。

赫尔德所使用方法的背后隐藏着某种有趣的哲学理论，这一理论可以说是卢梭"同情"观的扩展。在卢梭看来，每个人都必须把自身的创造力发扬到极致，然后与同类人产生同情。根据赫尔德的观点，每一个民族或国家都必须充分发挥自身所具有的禀赋，这种自许（self-assertion）的附带结果便是对其他民族或国家的创造力产生全方位的同情。民族主义需由国际主义加以调和。这样界定的民族主义和国际主义在法国大革命中作为世界力量（world forces）第一次发挥影响，而这种理论本身在赫尔德和卢梭那里已经孕育成熟。② 现在我们的世界主义即是卢梭用同情取代克制作为伦理基础这种做法的另一种形式。任

---

① 勒博叙（René Le Bossu, 1631—1680），法国文学理论家。
② 卢梭在下面这段话中清楚地表述了大同式的"同情"观："自然的同情……只存在于若干伟大的世界性灵魂中，他们跨越了阻隔人类的虚构的障碍，以创造它们的最高存在为榜样，充满仁爱地拥抱着全人类。"参见《论人类不平等的起源和基础》（Discours sur l'origine et les fondements de l'inégalité parmi les hommes）等书。关于卢梭在多大程度上鼓舞了民族气质的近亲繁殖，请看他在《论波兰政府》（Considérations sur le gouvernement de la Pologne）一书中所勾勒的教育范式。——作者原注

何人只要相信友爱的本能强大到不需任何帮助就可以战胜人际交往中自私的本能,他就很容易相信利他主义会在国际关系中胜出。然而在老派的道德学家看来,卢梭主义者的这一基本论调之下蕴含着某种荒唐的想法。个人或民族-国家之间形形色色、相互抵牾的利己主义能够被同情本身——或"开明自利"加持下的同情——成功抵消,这种观念可能会像某人所讽刺的基督教"十诫"一样,结果全都成了一个"光怪陆离的梦"(iridescent dream)。卢梭主义者让众多千差万别的人达成一致,或者更准确地说,是让人们之间的"一致"停靠在同情和自主的混合体上。单从外表来看,更早的教条没有那样明显的乌托邦色彩,而是人与人之间自由表达同情所必需的某种预备,强调人们应当在共同的规章制度中结合为一个整体。这就是中世纪欧洲的世界主义思想,那时人们通过单一的信仰而联为一体,同时我们也不要忘记,中世纪的欧洲与今天相比,在某些方面其实更具有世界主义的特征。

另外,在卢梭之前就出现过一种文学上的世界主义思想,然而就其发展来看,它依赖于纪律而非同情,此即新古典主义的教条。它统治了欧洲两个多世纪,倾向于让每个有教养的欧洲人不分国籍都接受同一套文学标准,并强调个人在成为德国人或者英国人之前,首先应当是一个真正的人,这样的人拒不服从一般标准(general norm)的地方色彩,并会对个人特点加以约束或抑制。新古典主义者所创立的"一般标准"具有矫揉造作与生硬僵化的弊端。就排斥一切区域特性与个性或民族特点而言,新古典主义的做法无疑太过分了。不管怎么说,今天我们已经完全摆脱了这种极端的自我压抑。最近一名爱尔兰籍的议员站出来呼吁用盖尔语（Gaelic）发表议会演说，表现出了个人与种族的高度自许。我们随之想到，旧派绅士不会因为任何事物包括自己的爱尔兰人身份而感到骄傲，从而这个议员无论如何都与旧派观念相差甚远。

这样一来，卢梭与赫尔德发起的这场运动导致了强烈的个人主义和民族主义，同时引发了对原始、自发与本能性事物的盲目崇拜。这种盲目崇拜不仅采用了诗性的和想象的方式，往往还佐以渊博的学术考察。我们已经在格林兄弟身上看到了精审考订和浪漫激情的结合。卢梭曾高度赞扬本能对常规生活所具有的优越性，现在这一新的学派实践了他的看法，离弃了各自民族的成熟期（这在若干伟大作家身上得到了完美体现），并将自己引以为荣的综合理解与同情的力量投入了探索起源的研究当中。现在，浪漫主义者一般所理解的起源研究，例如关于民族和集体的起源，对一切欧洲民族而言其实就意味着回到中世纪。中世纪主义（Medievalism）从古典传统的衰落中获得了巨大的好处。海涅①曾经说过，施莱格尔兄弟②之所以对印度感兴趣，是因为他们在印度那里看到了一个庞大臃肿的中世纪欧洲。但远东研究还不止于此，它在浪漫主义者手中进一步成了破坏古典正统的手段。揭示那些初步开化但又和我们自身非常不同的远古时代与国家，这本身便昭

---

① 海涅（Heinrich Heine，1797—1856），德国诗人、政论家，著有《诗歌集》《哈尔茨游记》《德国，一个冬天的童话》等。

② 施莱格尔兄弟（the Schlegels），即 A. W. 施莱格尔（August Wilhelm Schlegel，1767—1845）与 F. 施莱格尔（Karl Wilhelm Friedrich Schlegel，1727—1829），德国浪漫主义评论家。

示了一种新的相对性理论;它教育人们去观望——

> 自身情感极限之外的地方
> 变化无常的遥远区域。

它使人们感到并不存在古典主义者所谓的"单一口味标准",而是有各种不同的衡量标准,其中各项标准都因时代、环境的具体情况不同而具有合理性。

与同时代的其他人相比,斯达尔夫人①在普及民族主义和世界主义方面做了最多的工作。她是卢梭的亲炙弟子,同时主要通过其子女的家庭教师 A. W. 施莱格尔接受了其他德国人的观点。她那本《论德国》的著作在古今之争中具有划时代的意义,而且很可能比其他任何女性书写的著作都更具思想性。读她写的书,我们会觉得古人受到了需要浪漫主义感伤文学的妇女的影响,正如他们也受到了激进科学主义者的影响一样,尽管后者可以说几乎不需要任何文学。另外,斯达尔夫人的研究还显示了有缺陷的形式感(sense of form)能在多大的程度上使一个人变成现代人。她指出:"尽管希腊人卓越不凡,但他们的消失却引不起太多惋惜之情。"②任何学者,只要他是真正通过第一手材料来了解古希腊人的,同时他哪怕只是约略感受到了"古

---

① 斯达尔夫人(Madame de Staël, 1766—1817),原名 Anne Louise Germaine Necker,法国浪漫主义先驱、作家与评论家,著有《论文学》《论德国》等。

② 需要公正地指出,这句话引自斯达尔夫人早期的相对不是很成熟的《论文学》(第一部第四章)。——作者原注

代的均衡"——达·芬奇便曾哀叹自己做不到这一点(*defuit una mihi symmetria prisca*[我唯独缺乏古人的均衡])——他就绝不会有斯达尔夫人那样的想法。相反,一个人也许是一个极端的偶像破坏者,他可能会像阿纳托尔·法朗士①先生那样对任何传统信仰都表现出无政府主义的冷漠,但是他只要稍微留意一下"古代的均衡",这位刚刚加入现代阵营的人就会动摇起来。法朗士先生发现:"有些人认为,只要拉丁文研究者与其现代竞争者一同分享'经典'这一高贵的名堂,拉丁文研究就能起死回生;认同现代人的幻想是很难的,因为无论他们怎样努力,现代作品在高贵、力量、优雅和美这些方面都无法与拉丁作品匹敌。"

现在,就我们当下所讨论的问题,对斯达尔夫人和她的一位同时代者作一番比较,或许有助于澄清事实。歌德也深受卢梭与赫尔德的影响,他在这场古今之争中所持的立场格外引起我们的兴趣,因为他既是伟大的科学家又是大文豪,还是最早鼓吹新世界主义的大家。同时,他对古代的"均衡"具有敏锐的洞察力,随着年岁渐长而更倾向于回归古典传统。他拒绝采用纯粹的历史主义的方法来处理拉丁和希腊文学,因为他认为这些作品不但具有相对的价值,更具有绝对的意义。在他的晚期作品中,人们甚至可以看到某种古典主义,确切说是伪古典主义的离奇败笔。不过,歌德的情况仍然有助于说明人文主义同新的世界主义是如何调和在一起的。如果我们使用历史主义方法的结果是失去

---

① 阿纳托尔·法朗士(Anatole France,1844—1924),法国小说家、文艺评论家,1921年凭借小说《苔依丝》获得诺贝尔文学奖。

自身的价值观,陷入相对主义的汪洋大海,那么我们付出的代价可就太惨重了。正如我们已经说过的,为避免这一危险而施行调整措施,乃是人文主义者不得不面对的一项最为艰巨的任务。我们还应补充一点,即歌德在对付这个难题时所用的方法与圣伯甫大体相似。他认为"普遍文学(universal literature)的时代已经到来了",并且督促我们在对待外国文学的问题上培养一种放眼全球的同情心态。但是他又补充说,如果"我们正在寻找杰作,既不能考虑汉语作品,也不能考虑塞尔维亚语作品,既不能考虑卡尔德隆①,也不能考虑《尼伯龙根之歌》,而是必须回到古代希腊人那里,因为在他们的作品中,我们才能找到人之真正美好的典范。其余我们只能从历史角度加以考虑,目的是从中吸取任何有益的营养"。此外,他还指出:"今天世人期望我们成为希腊人、拉丁人、英格兰人和法兰西人,现在他们居然疯狂到要把我们遣往远东。一个年轻人真的发了疯才会这样。为了抚慰梅耶(Meyer),我给他展示了我收藏的巨大朱诺头像,以此作为象征,告诉他应该和古希腊人在一起而获得安宁。"

就严格意义上的哲学来说,歌德的立场自然并不很牢靠。与其他国家一样,希腊也受制于相对性法则。古典事物和现代事物都是变动不居的世界的一部分。不过,如果说歌德的解决方案不具有理论价值,那么至少具有实践上的价值。我们可以把某些古人和少数最杰出的今人看成文学中的恒星。我们可以放心向他们参考借鉴,以他们为指归

---

① 卡尔德隆(Pedro Calderón de la Barca,1600—1681),西班牙戏剧作家,是西班牙黄金世纪戏剧两大派之一的代表人物,著有《人生是梦》等。

来判断什么是人性的本质，什么是人性的偶然因素。他们是具体的"人的理念"(idea hominis)。他们在对待生活的方式中具有某种确定不移的东西，这种东西涤荡肃清了一切地方主义色彩，足以被当作典范，即便不是从新古典主义理论家认定的意义上来说，情况也是一样。举例来说，不知要等多少个世纪，我们才会再次产生和《奥德赛》中的瑙西卡①一样伟大、简明而又有代表性的女性形象！歌德曾说，"如果我们认真研读古代经典，我们会产生这样的感觉：好像在这个时候我们才真正成为一个人"。因此歌德很自然地得出了这样的结论："愿古希腊罗马文学研究永远是高等文化的基础吧。"

二

歌德后来有时也会重弹新古典主义的狭隘论调，但他大体上令人称羡地证明了，如何既获得最广博的知识与同情，同时坚持判断与选择的必要。他像一名真正的人文主义者那样结合了许多极端，并占据了这些极端之间的全部空间。如果一个人的价值感得到了足够的强化，那么他就会大大得益于我们所定义的"卢梭主义"。如果一个人吸收了伟大的作品并牢固地把握了人文传统，那么他就有可能通过新的普世美德与历史主义的方法不断获益，并最终完善他的人文主义思想。但是，放任自流的卢梭主义往往把个人气质与民族气质杂糅在一起，并把坚定的原则判断替换为形形色色的同情（或者是漠不关心的态度）。

---

① 瑙西卡(Nausicaa)，史诗《奥德赛》中国王阿尔基努斯的女儿，曾帮助遭受海难的主人公奥德修斯。

显而易见，印象主义对现代语文所构成的危险比它对古代语言构成的危险更大：首先，这是出于新世界主义本身固有的特征，现代文学作品正是依靠这一特征才获得成功的；其次，在现代人那里，关于"选择"的问题尚未得以简化，而古人已经通过时间的力量把它给解决了。爱默生说过这样一句话：只有传世之作才值得继续流传下去。古典教师有可能用到的那些书，不但大部分具有内在的重要价值，而且对世界思想与文学产生了重大的影响。反之，当我们在现代书籍中进行选择，除了翻拣出一些纯粹是个人或民族喜好（而且常常只是一时心血来潮）的货色，可能就没什么更高明的玩意儿了。廉价的当下性乃是现代文学作品经常面临的风险。从大学以及高中的阅读书目到出版商的发行目录中，人们不难推断出来，目前正在取代古希腊罗马名著地位的是一些法国和德国二流小说的大杂烩。在处理现当代作品的时候，即便是最优秀的评判人也可能会变成印象主义者；从大学的立场来看，难怪人们会忍不住认定只有去世的作家才是好的作家。

在选择阅读对象的问题上，现代文学教师常常甚至不考虑自己的印象，而是参考他的学生的阅读印象，有意迎合他们粗糙幼稚的看法，以尽力引起学生的兴趣。我认识一位法国教师，他让他的班级自行讨论选择读哪些书，这可真是一个服从大众意见的民主制的例子。另一位教师则解释说，如果不这么做，那么其危险在于：规定的读书标准过高，现代文学就会变得和拉丁作品一样枯燥无味了。确实，讲授基础课程时不妨牺牲一些东西以确保学生的兴趣，但现在这个原则已经走向泛滥。归根结底，检验教师水平高低的标准，是看他能否恰当地激励学生,把他们的兴趣提升到更高境界。从大学的立场来看,至关重要的问题不在于教师是否能激发起学生的兴趣,而在于激发起什么样的兴趣,激发起哪种水平的学生的兴趣。大学教师应当努力激发更有能力的学生的兴趣,即便可能会使蠢笨者感到枯燥乏味也无所谓。

选择阅读无关紧要的二流作品会造成极大的隐患,这种情况并不限于当代作品。爱默生有句名言,"只有传世之作才值得继续流传下去",如果我们把它理解为真正的传世之作,那么这句话是有其真理性的。但是,当代学术有一个显著的特点,即往往把已被历史埋葬的东西重新挖掘出来加以研究。例如,我们该如何看待作为女大学生研究对象的17世纪英国戏剧作家?这等于"让少女的幻想在食槽中撒欢打滚"——语出威彻利①。当然,我们所说的困难主要来自专门性大学(college)与综合性大学(university)之不同标准的混淆,而同时具有这两种特性的研究院所(institutions)则不免要进行微妙的协调。威彻利在综合性大学的课程中自有一席之地,这与专门性大学的精选原则背道而驰。应当再补充一点:即便是在综合性大学里,只有熟悉威彻利作品的人都受到了人文学术训练,那种宽松自由的学习环境才是值得称道的。甚至某些小学院都分不清专门性大学与综合性大学标准之不同。那些刚毕业的博士,带着对本专业领域"一边倒"式的研究兴趣,常常由于标准的混淆而缺乏一定之规,却可以将其幼稚的狂热倾泻给大学生们。

---

① 威彻利(William Wycherley,1641—1716),英国王政复辟时期的喜剧作家,著有《乡下女人》《直爽人》等。

几乎没有必要进一步详述现代文学研究中印象主义做法的危险性了。人们对此已经有了普遍的认识,如何加以矫正才是意见分歧真正所在。文献学是眼下最受青睐的反向刺激物(counter-irritant)。由文献学研究(主要在中世纪领域)来调和印象主义的做法——这似乎概括了现代文学研究当前的倾向。美国的学术研究,和它所效仿的德国学术一样,格外钟情于起源研究,即探寻"文学艺术那隐微的、如露水般的涌出"。在今天这一严格意义上的现代时期,面对英语世界中的那种"疲软"状态(softness),我们倾向于"中世纪主义"乃是出于制衡的需要。然而,文献学方面的约束并不能代替人文标准的制约。无论如何我们都必须确保语言的精确性;但实际问题却是,现代场域中的学生能否普遍达到这种精确程度,同时能否在培养人文标准的过程中,从古典而非中世纪那里获得更多的帮助?我们可以从历史方法本身中找到支持古典的理由。历史方法不仅关乎文献资料之间的联系,同时也关系到观念之间的传递与嬗变。如果说现代文学与中世纪在文献方面有着千丝万缕的联系,①那么在想象和理智方面,它们与古希腊罗马也有着至少是同等程度的关联。这是一个令人悲叹的历史事实,即在中世纪法国与现代法国之间发生了尖锐的断裂,用法国人的话来说,即是"连续性的消解"(solution of continuity)。一名法国现代文学专业的学生,如果为了熟悉《罗兰之歌》(*Chanson de Roland*)、神迹剧或克雷蒂

---

① 一个人如果不是一名优秀的拉丁学者,他就不可能是一名优秀的中世纪研究者。欧洲现代语言与中世纪有着直接的联系,几乎所有的罗曼语(the Romance languages)及大部分英语与拉丁语的关系自然会相对较远一些。——作者原注

安·德·特鲁瓦①而忽略了拉丁文经典作品,就等于放任自己偏离了法国大作家们熟悉的东西,而转向了他们不知道或知之甚少的东西。相较于在法国,现代与中世纪的断裂在英国显得相对缓和,但即便是对英国文学的学生来说,熟悉乔叟以前的中世纪文学也远不如熟悉古代经典来得重要。举例来说,了解英国大诗人的最佳途径,不是某些误入歧途的现代学者们想让我们相信的凯德蒙②和《贝奥武甫》③,而是荷马与维吉尔。

美国的一些研究机构(特别是在哈佛大学)理论上承认古典背景的重要性,但实际上,当一名研究生开始他的中世纪研究时,他非但不得不放弃自己的古典研究,还要为了准备博士生考核,根据各类参考手册突击日后教学所需的现代部分。当我们呼唤一种相对温和的中世纪主义,这并不意味着对中世纪的贬低蔑视。我们在此讨论的不是中世纪研究本身具有的价值,而是那种将其他更有价值的研究隶属于中世纪研究的智慧。生命如此短暂,人的精力又如此有限,如果不是这样的话,我们本可以对古典、中世纪以及现当代这三个时期都好好研究一番。一个人如果不打算成为中世纪专家,只要他具有洛威尔所说的"玛士撒拉④年届百龄时的青春年华",不妨好整以暇地选修哥特式研

---

① 克雷蒂安·德·特鲁瓦(Chrétien de Troyes,1135—1191),法国中世纪爱情诗人,代表作品有亚瑟王传奇故事诗等。
② 凯德蒙(Caedmon),公元7世纪时盎格鲁-撒克逊基督教诗人,为现存最早的有姓名可稽的英国诗人。
③ 《贝奥武甫》(Beowulf)是源于7—8世纪的盎格鲁-撒克逊神话史诗。
④ 玛士撒拉(Methuselah),《圣经》人物,享年九百六十九岁,后来借指非常高寿的人。

究这类课程。

现代文学专业的学生应当具有一定的中世纪根基,尤其是应该通过仔细研究但丁、乔叟以获得关于中世纪生活的知识。但是,复兴健全文学标准的希望并不在于我们今天所强调的对中世纪文献的掌握,而在于把为古人与今人的无谓对抗所割裂的人文传统整合起来。我在其他地方曾经讲过,参与古今之争的人为了联合对付共同的敌人即纯粹的实用主义者与极端科学主义者,不但必须停止争执,而且实际上必须相互合作,当他们意识到这一点时,古今关系这一问题就会翻开崭新的篇章。拉丁文与希腊文不得专擅人文学的美名。在英国(尽管已经不如从前),古典文学教师仍享有美誉和尊严,而现代文学教师则被认为与舞蹈教师差不多处于同一水平线上。古典人文研究不可能总是这样孤芳自赏;崇今者甚至已经在叩响牛津的大门。如果牛津在作出必要调整的同时,不至于像我们一样深陷在各种各样的激进试验之中,那么这将是一件幸事。古典人文研究将通过日益密切地接触现代人而受益,同时从崇今者这一方来说,他们也只有彻底承认古人的前导之功,才有资格侧身人文学科的行列。古典以现代为前景,便不会产生枯燥呆滞的弊端;现代以古典为依托,则能免除浅薄与印象主义的命运。

三

古人和今人间错综复杂的关系主要涉及大学本科生部而非研究生院。现代文学专业的研究生本应已经具有相当扎实的古典根基,但事实上，研究生们乃至相当一部分教师，至少有一点很像莎士比亚①：懂得"一点儿拉丁语，希腊语知道得更少"②。这种欠缺乃是大学本科阶段注重今人超过古人的自然结果。例如，在哈佛大学，现代文学专业（包括英语专业）录取的学生人数是古典文学专业的五倍以上。现代文学专业中思想较为深刻的一些人开始认识到，这一对自己有利的差距已不再是一件好事；如果照这样继续增长下去，直至大学和学院的古典学术研究沦落为少数几名专家的工作，那么文化事业就会出现灾难性的后果。我们曾提到，哈佛大学于1903年设立了文学优等奖金（the Honors in Literature）。姑且不论它是否能对本科生产生吸引力这一现实问题，上述新规划作为原则性的宣言还是值得我们注意的。用第一次声明中的话来讲，设立文学奖学金的目的在于"在现有奖学金之外另增一项奖项，以此鼓励大学生将古典作品与当代作品结合起来加以阅读。希望能够通过这种方式强调文学研究内在的一致性，特别是古典文学与现代文学之间的相互依存关系"。简而言之，这一方案不仅是大学教师试图调停——这可能也是头一次调停——古今关系的一次努力，更是为了争取更加开阔、健全的文学训练而提倡古今精诚合作的一场尝试。

哈佛大学新设立的奖项制度和牛津大学通过考核颁发古典文学优等奖金的做法不无相似之处。具体表现在：他们鼓励学生独立阅读，用文学统领文献学，主要考查学生吸收知识的能力，同时并不要求那种与

---

① 或者说符合人们对莎士比亚的流行看法。在莎士比亚写作的时代，希腊语和拉丁语的影响甚广，因此他本人是否亲炙经典只是一个次要的问题。——作者原注

② 这句话出自本·琼森（Ben Jonson，1572—1637）为莎翁所作的诗。

撰写论文有关的研究方法。完全不考虑语言因素显然是危险的。我们必须格外注意不要让这个计划出现"疲软"的弊端,并且要说明它的目的是培养人文学者而非一知半解的人。今天美国的大部分语言教师几乎都是一门心思地按照科学研究的方法培养出来的,他们实在是太容易混淆二者的区别了,往往把学者的称号仅赋予那些对材料进行积累分类的人。柏拉图和亚里士多德研究才是牛津优等奖金考核的基干,我们必须(在美国)建立对应的制度。更加全面地掌握希腊哲学固然是美国学术研究所必需的,但是在我们这里,古希腊哲学不大有希望获得它在英国大学中享有的地位:即便我们的古典学者有一天不再津津乐道于柏拉图和亚里士多德作品中祈使语气的用法,而是对他们在人类思想史上的崇高地位产生更大的兴趣,情况也不容乐观。

就促进古今合作而言,理论上,哈佛大学的文学优等奖金制度比牛津大学的制度大大前进了一步;但实际上,无论是吸收性学术研究(assimilative scholarship)的水准还是吸引的学生人数,哈佛或美国其他研究机构的各种优奖制度都不足以在短期内和牛津抗衡。受过正常教育的美国人一般都知道,英国大学的普通学位(pass degree)是很容易拿到的,但他们常常会忽略更重要的一项事实,即英国大学(例如牛津)相当一部分学生毕业时所拿到的并不是普通学位,而是优等学位(degree with honors)。牛津不仅比哈佛颁发更多的优等学位①,而且资

---

① 根据柯曾委员会(Curzon Committee)的报告,牛津大学在1907年总共有五百三十一人获得优等学位。而牛津大学1906年的校志表明,当年共有三千六百六十三名在校生。从这些数据中我们似可断定,至少有一半的牛津本科生获得了优等学位。——作者原注

格考核也比哈佛的类似制度要难得多。对于哈佛大学的普通本科生来说,大学教育根本无关乎荣誉,而在大多数情况下仅意味着一堆杂七杂八的基础课程,最后辅以专业或半专业性的学习而已。

用最简单的话来讲,哈佛大学的本科生在吸收性学术研究方面表现出的水平比较低,而牛津的本科生则体现出较高的水平。态度不够友善的评论者或许会进一步说:在吸收性学术研究方面美国的本科生部不如英国,而在生产性学术研究方面我们的研究生部又比不上德国。不过,头一项劣势甚至比第二项劣势还要明显,也更加严重,因为它更直接地影响到了我们民族生活的整体品质。尽管最近我们在高等教育问题上加大了动作,但出版商断然告诉我们,近几年来优秀作品的市场需求未见攀升,而是正在不断下降。哈佛大学的文学优等奖金不仅仅是用来培养良好的阅读口味的,它更主要的作用是进一步培养阅读优秀作品的习惯。有些支持专门性大学、反对综合性大学的人,他们最大的雄心大概就是建立普遍的优奖制度。这项制度的建立或将证明,这是复兴文学士学位制度(the Bachelor of Arts degree),重新赋予其(目前正迅速丧失的)意义及严肃性的最实际的办法。我们看到,美国的专门性大学及其在传统上所代表的事物目前正面临着彻底灭绝的威胁。文学士学位制度不仅受到了缩短住校期限的威胁①,而且更严重的是,还面临着放宽学位授予条件直至学位不再具有任何意义之危险。举例来说,斯坦福大学的本科生可以不学拉丁语、希腊语乃至任何语言,不

---

① 巴特勒校长(President Butler)主张把住校期减缩为两年,他的建议得到了好高骛远的高中教师们的唱和,后者进一步提议把削减下来的大学课程合并到预科学校当中。——作者原注

学任何非科学类的课程,除了上一门英语写作课,然后用几个小时完成机械工程方面的作业,就可以拿到他的文学士文凭了。① 照此发展下去,文学士学位大概很快就会发给管道修理专业的学生了!无论如何,就斯坦福大学的情况而言,文学士学位的传统内涵已经完全被抽空了。这应该引起老式研究院所的校友们的积极关注,而不应像从前那样总是把问题留给教育专家来处理。我们应当记得,这些被视为专家的人当中,大部分都受过德式学术训练,因此他们的主要兴趣不在大学本科生部,而是在大学的研究生部。

文学士学位要想具有意义,不仅要和研究机构的名称联系在一起,还要进一步成为象征荣誉的学位。这一天很快就会到来,即使现在还未真正实现。通过导师更加悉心地指导大课学习,同时提高课程考试标准来提升本科生的教育水平,这无疑需要做大量的工作。不过,在此之外,还应该需要某种东西来验证整套学习方案的效果,就像牛津某些著名学院甚至会为四等生提供考核方案。问题在于,在充分保证学生合理的选择自由时,要避免他们漫无目的地进行选择。为了适应本科生的需求,荣誉小组(honor group)②应当宽泛一些、灵活一些,首先应该注重知识的消化,不要过早地鼓励学生进行研究,也不应占用学生的所有时间,而要让他们空出时间来应付那些不重要的课程。除非我们像某些教育激进分子那样仅仅把选修制度看成是个人主义的放纵狂欢,不然以上述精神设计的荣誉制度则不但可以对选修制度加以反拨,

---

① 见《利兰·斯坦福记录》(*Leland Stanford Register*),1906—1907年,第36、74页。——作者原注

② 大约相当于我国的优等班或实验班。

而且有可能完善这种制度。

没有任何奖励方案比现行的课程考查制度更能区分具有人文禀赋的学生和仅仅是混日子的学生。不过,比起通过相加不同的、常常也是互无关联的课程的分数来区分这两类学生,对荣誉小组进行一般考查或许是更有效的办法。从学院的角度来看,衡量一名学生的标准不在于他在某门课中能够做什么,而在于他能在多大程度上融会贯通自己在各项课程中学到的东西。大学预科阶段自然会强调各门课程的完成情况,但是到了大学阶段,就会放松这方面的要求,此时学习的目的不仅是考查心灵获得知识的能力,更要考查其消化知识的能力。我们不应当忽视这样一条基本真理:任何荣誉奖励制度,无论多么有独创性,都比不上它背后那种人的活的精神。大学本科文学教育成功与否,归根结底在于找到这样一些人:他们依靠自己的天赋,同时也通过他们在研究生院或其他地方所受到的合格训练而能胜任这一工作。任何形式的分班教育制度,如果它缺乏合适的人选来管理,就会导致过早决定专业的明显弊端。

我们可以设计一些能够公平地衡量其是否成功的荣誉奖励制度。① 在这方面,哈佛大学于1906年创立的历史和文学奖学金表现出很好的前景。不过,我们也不应过于乐观地期待任何融汇古今学术研究的计划会马上取得成功,尽管从人文研究的角度来看,其原则是再重要不过的。古典作品在我们这个国家并不受欢迎,这是一个很大的阻

---

① 在广泛的意义上讲,荣誉奖励制度成功与否或许取决于建立各个考查委员会(examining boards),以及大大简化现有课程考试制度。如果课程考查与奖学金评定同时进行,将使已经超负荷工作的教师更加不堪重负。——作者原注

力。美国的古典研究部门和寓言中的狮巢正好相反:一切踪迹不是归拢于该领域,而是离开了这个领域。古人与今人应联合起来共同付出人文之努力,然而,崇今者却显然想把自己的优势发挥到极致,从而制造了更为严重的障碍。人们只能悲叹,现代文学教师作为一个整体,似乎因近些年来古希腊研究的迅速式微而心满意足,并为在不远的将来文学士无须掌握拉丁语而沾沾自喜。当下的实用主义似乎高扬现代文学研究而忽略了古代文学;如果放任自流,将会使后者丧失大部分尊严与严肃性。哈德利校长(President Hadley)在最近一次讲话中说,宁要"威廉·迈斯特"(Wilhelm Meister)也不要柏拉图;但是不要忘记,没有人会像歌德本人那样更被这一说法中暗含的教条所触犯。现代文学,只有被本身是优秀古典学者的人士怀着对古典背景的足够敬意来讲授,才能避免被视为传统学科的廉价代用品。

第八章　论创新

　　最近一百年来，世人对创新的看法发生了彻底改变。顺从的时代让位给了张扬自我的时代；正如蒲柏①时代的人会以悉心雕琢平淡无奇的东西而邀誉，今天人们则通过自相矛盾的言行来哗众取宠。在那时，甚至是真正具有创新的人也面临着被视为怪物的危险；而现在，许多人其实只不过是胡思乱想，也往往会被视为具有创造力。替旧式批评说话的布瓦洛②用"怪异"来评价佩罗③；而站在新式批评一方的圣伯甫则认为他是天才。从一开始，新古典主义的批评家们就以"规则"为名扼杀积极主动的创作自由，并用亚里士多德和其他古人的权威来对抗一切革新举动。下面的喜剧歌剧台词不无公允地概括了当前有志于文学创作者与其"楷模典范"之间的关系：

---

① 蒲柏（Alexander Pope, 1688—1744），英国新古典主义诗人，著有《论批评》等。所谓"蒲柏时代"即指新古典主义时期。
② 布瓦洛（Nicolas Boileau-Despréaux, 1636—1711），法国新古典主义批评大家，著有《讽刺诗》《诗艺》等，他的一些观点（诸如戏剧应严格遵守"三一律"）对当时的文学创作具有很大的影响。
③ 佩罗（Charles Perrault, 1628—1703），法国诗人、童话作家，著有故事集《寓有道德教训的往日故事》，在古今之争中站在今人一方。

当然你们永远不可能像我们，

你们只能竭尽全力来像我们。

此后，在法国的影响下，拟古的暴政之外又增加了礼仪的暴政。舞蹈教师们令亚里士多德的地位更加巩固。社会习俗与旧体制下的法国人的性格紧密交错，最终变得僵硬顽固，结果就几乎和"中国佬"（Chinaman）一样，无法让自己的创新从风俗习惯的重重封锁中脱身。当时"创新"一词常常被用来嘲讽或贬损他人。布洛赛特（Brossette）曾这样描述东方的旅行者"达维尔涅"（Tavernier）：他"很蛮，甚至还有点儿原创性"。与此同时，布尔索①也写道："如果想嘲讽某人，那么大家就说他具有独一无二的创造力。"文学或艺术中一切偏离常规范型的东西都被说成是"恐怖的"。拉·阿尔普②也使用了这个词来形容《神曲》，并且指出，与真正的史诗——如伏尔泰的《亨利亚特》（Henriade）——的典雅相比，这部时或出现妙笔的"荒诞无状的狂想曲"是多么差劲。

我们可以像圣茨伯里③先生在《批评的历史》一书中所做的那样，用几十页的篇幅揭露新古典主义的狭隘，并以现代的辉煌解放与之形成对照。但这无非是从法国人所谓"冲进敞开的大门里搞破坏"的做

---

① 布尔索（Edmé Boursault, 1638—1701），法国小说家、剧作家。
② 拉·阿尔普（Jean-François de La Harpe, 1739—1803），法国诗人、剧作家、文艺理论家。
③ 圣茨伯里（George Saintsbury, 1845—1933），英国文学史家、批评家，著有《伊丽莎白时代文学史》《英国批评史》等。

法中自得其乐罢了。或许,我们应该放弃这种惬意的娱乐,而是通过深入探究来获得更多的益处:首先探究是哪些确定的历史因素导致所谓的"明智派"(school of good sense)战胜了"天才派"或"创新派";其次,我们可以在甚至是最枯燥、最无益的新古典主义规范中搜寻潜在的合理成分。如果我们和圣茨伯里先生及其他浪漫主义者一样,在打破常规的同时也摈弃了其中的合理因素,那么我们就会从一个极端落入另一个极端。

全部创新问题都与个人主义紧密相关,但对于什么是个人主义,人们并不是很清楚。我们必须记得,在文艺复兴晚期的规范性古典主义出现之前还有过一次文艺复兴,这场较早的文艺复兴运动是极其重视创新的。这场运动刚一开始,彼特拉克便在致薄伽丘的一封信中,就创新问题进行了著名的辩护,并且就此以及其他方面的一些问题提出了自己的主张,因此他被认为是第一个现代人。彼特拉克在信中指出:"每个人不仅在容貌姿态方面而且在声音语言方面都有与众不同的地方(quiddam suum ac proprium),发扬这些特点比矫正这些特点要更加容易,也更加明智。"许多追随彼特拉克的意大利人都开始张扬自己"与众不同的地方",他们常常流露出表现自我的真实激情,更多时候也许是在这一新兴的自由旗号下为所欲为。最后,社会不仅对这种为所欲为,而且对相互竞争的创新及其冲突产生了警觉,因为人人都沉溺于一己之个体感受而很少顾及人类的一般或共同感受。不过,我们在第一章已经论述了文艺复兴晚期对过度个人主义的反拨,这里就无须重复了。这一反拨——尤其是在法国和意大利——很快也走向了极端。但我们不应该忘记,当严格奉行新古典主义的人出现于历史舞台时,文艺复兴早期的伟大创造冲动已然沉寂或蜕变为矫揉造作。在 16 世纪末 17 世纪初,像流行病一样席卷欧洲的种种恶劣趣味,诸如偶像崇拜、马里尼①风(Marinism)、优浮体(euphuism)、玩弄风雅(préciocité)等等,都有着共同的根源,即以违反健全理性(sound reason)来强求创新。我们可以把上述不同流派的作者归为一类,尽管他们偶尔有不错的抒情文字,但他们具有"橡树的所有瘤节而无其力量,像西比尔②一样抽搐却无其灵感"。

明智派是对上述伪创新做法自然的也是正当的反抗。不过,其价值不仅仅体现为对以往过度做法进行了反拨,而且体现为在更高的基础上有其合法性。明智派试图应用——尽管其不够圆满——亚里士多德的下述深刻学说:"检验艺术的最终标准不在于其原创性,而在于其是否真实反映了普遍性。"这是一个特别令人感到有趣的问题,因为我们正生活在大扩张结束之后的一个时代,在某些方面与文艺复兴时期的情况有相似之处。现在就和当时一样,所谓"创新"的呼声甚嚣尘上。在这一名目下,艺术变得越来越偏离正轨。由于我们丧失了评判的标准,后果便是古典主义者抱怨我们混杂了个人与民族的特性,而且距离普遍人性越来越远。

换句话讲,现代艺术(在此方面它很像文艺复兴晚期的艺术)的主要雄心就是突显原创性。另一方面,古典艺术和新古典艺术共同具有

---

① 马里尼(Giambattista Marini, 1569—1625),意大利诗人,开创刻意雕琢的诗风。

② 西比尔(Sibyl),古希腊神话中的女妖,代指女预言家。

的首要目标是再现典型。亚里士多德说过，一味忠实地表现这样或那样特殊境况中的事物是不够的，重要的是表现普遍情形下的事物；他接着又指出，诗歌之所以高于历史，是因为诗歌更多地表达了这种普遍性，更多地涉及本质而与人性中的偶然因素关系较少。新古典主义艺术的薄弱点在于，当它决定什么是本质的东西、什么是偶然因素时，它用来自经验的法则和奴气十足的模仿替代了直接的观察。它动辄把某一事物目为"恐怖的"而大加排挞，认为该事物不符合自然，但实际上只是因为它越出了某些亚里士多德的注释者们所设置的藩篱。艺术家不得不墨守这样建立起来的常规类型，甚至为此牺牲了深切而率直的情怀。他不仅在处理任何一种文学形式诸如悲剧、史诗时受到"典型"的限制，甚至在创造个体人物时亦是如此。例如，他必须小心避免刻画一名特别的士兵，而是要刻画一名典型的士兵，并且在决定典型士兵的特点时，他当然不能离古代的典范太远。莱墨（Rymer）即曾以此为由谴责"伊阿古"①的形象不忠实于"天下士兵几千年来所具有的特点"。另外，根据莱墨的观点，博蒙与弗莱彻②戏剧中的女王形象也有些不合规矩。莱墨承认，某位特殊的女王可能会以剧中的方式行事，但是她必须去掉一切"偶然的、历史性的轻率无耻"，从而成为符合正统观念的、有资格"穿着高靴在悲剧中昂首阔步"的典型女王形象。

　　长远地看，新古典主义者以"典型"为名扼杀原创性、限制创作冲动的企图必然会引起对立的反应。冲破常规是一项艰巨而细致的工

---

① 伊阿古（Iago），莎士比亚悲剧《奥赛罗》中的阴险小人。
② 博蒙（Francis Beaumont, 1584—1616）与弗莱彻（John Fletcher, 1579—1625），英国詹姆斯一世时期的剧作家，二人曾合作撰写了十余部剧本。

作,为此需要有一个超逾苏格拉底式智慧的人,而这一事业是由"自我拷问的智者、狂野的卢梭"来完成的。差不多从开篇第一句话开始,卢梭的《忏悔录》便奏响了后来回荡于整个 19 世纪的音符,从早期浪漫主义者一直到易卜生与苏德尔曼①都概莫能外:"即便我不比别人更优秀,至少我与众不同。"卢梭为自己脱离"典型"而沾沾自喜,他由于这种心态而成了一切偏执型个人主义者的精神父亲。卢梭坚持无拘无束的情感有其权利与合法性,从而他不仅在德国而且在整个欧洲都宣告了狂飙时代的到来。以自身感受来衡量一切事物的现代印象式批评家,只不过是卢梭的晚生代信徒罢了。

　　古典主义者强调情感必须受到约束并听命于典型,否则就会变得偏执古怪而背离人心。"是谁的人心?"像一名真正的卢梭信徒那样,阿尔弗雷德·德·缪塞②喊道,"是什么东西的人心? 就算里面有魔鬼,我也有我自己的人心——*j'ai mon coeur humain, moi*。"全部法国浪漫主义就包含在这个 moi③ 之中。陈腐的权威、惯例和传统,一切都滚开吧,它们阻隔了人的自发性,使他无法和"自然"直接交流。让他重新看到在黎明中闪烁神奇光辉的新鲜世界吧。为了达到这一目的,让他扔掉书本("乏味的、没完没了的搏斗"),就像是"在他以前没有存在过任何人"那样去生活吧。

---

　　① 苏德尔曼(Hermann Sudermann,1857—1928),德国作家,德国自然主义运动的代表人物,著有小说《忧愁夫人》等。
　　② 阿尔弗雷德·德·缪塞(Alfred de Musset,1810—1857),法国浪漫主义诗人、剧作家,著有《一个世纪儿的忏悔》等。
　　③ 即法语"我"的强调形式。

简言之,每个人都可能是一个原生的天才。正是由于卢梭主义的德国信徒们信奉这一思想,后来才出现了描述整个文学时代的"天才时代"(*Geniezeit*)一词。当时的德国力图从常规中挣扎出来,但不是像莱辛①会设想的那样依靠理性的训练,而是通过"天才"和"原创性"来达到这一点,这实际上就等于打开了感情洪水的闸门。我们可以设想莱辛将怀着怎样的厌恶心情来看待青年歌德的卢梭主义思想。在《少年维特的烦恼》这本书里,批评家被指控联手反对原创性。他们定下的法则被说成是保护自己一亩三分地不受天才染指的坝堰与壕沟,若非如此,天才的激情波涛就会汹涌泛滥将之淹没,这同时也会让世界受到震撼。人们由此会想起莱辛为批评事业所作的精彩辩护,他在文章中坦诚相告,自己的一切成就不是来自天才或原创性,而是来自耐心地吸收前人的智慧。"没有批评,我就会变得贫乏、冷漠和目光短浅。因此,当我听到或读到贬损批评的任何东西时,我常常感到羞愧或不快。据说它压抑了天才,但我却为自己从中获得某种极其接近天才的东西而感到庆幸。我就像是一个瘸子,不用好自己的拐杖就根本无法获得知识的素养。"

我们还是倾向于站在与莱辛所谓的"批评"相反的天才一方。今天,批评本身仅仅意味着欣赏,而不是像莱辛所说的,意味着判断标准的运用。不过,也许有一天,对雪莱这样的浪漫主义大家会深切感到缺乏莱辛所谓之批评的痛苦。到时人们就会对天才与创新感到腻烦,因

---

① 莱辛(Gotthold Ephraim Lessing,1729—1781),德国文艺评论家、剧作家,著有《汉堡剧评》等。

为说到底这不过是情感的恣肆喷薄罢了。美国的超验主义有一整个方面都只是德国浪漫主义的滞后回响，而后者本身又是原生天才时代的继续而已。即使是在爱默生的创新观及其对未经训练之个人的无限敬仰中，也存在着特殊的危险。每个人似乎只需坚定地扎根于自身本能就可以变得伟大了，但对于一般人来说，盲目信赖莱墨称之为自身"狂想"①的东西是靠不住的。作为这些群体的最佳观察者，霍桑②曾有文章记述了一些噩梦般的创新，而后者都是在康科德(Concord)团体③的影响下发展起来的。

我们读到过马里沃④戏剧中的一个人物："他这个人的第一冲动是问问题，不是问对方'你尊敬我吗？'，而是问他'你对我感到惊奇吗？'。他的目的不是要我们确信他比别人优秀，而是要我们确信他只像他自己一个人。"这部喜剧已经出现了 19 世纪萧伯纳(Bernard Shaw)创造的形象，在写作多年之后，卢梭才开始穿上亚美尼亚的服装，用其似是而非的话语来搅动欧洲。自卢梭以后，世人越来越熟悉那些装腔作势、不引起世人对自身特性的关注决不罢休的人。偏执的个人主义者不仅为他的独特性沾沾自喜，还常常渴望将之投射给他人。他的意图是令他人震惊，用法语来说是 epater le bourgeois，即让世俗阶层"瞠目结舌"。

---

① 原文 maggot 还有"蛆虫"的意思。
② 霍桑(Nathaniel Hawthorne, 1804—1864)，美国小说家，开创了美国象征小说传统，著有《红字》等。
③ 超验主义鼎盛时期曾在美国康科德附近居住的文人团体，包括爱默生、梭罗、霍桑和梅尔维尔等，他们对美国文学和文化发展有着深远的影响。
④ 马里沃(Pierre Carlet de Marivaux, 1688—1763)，法国戏剧家、小说家，著有小说《暴发户农民》、喜剧《爱情与偶遇的游戏》等。

约翰逊博士曾评论蒙博多勋爵（Lord Monboddo）说，如果他有尾巴的话，他也会为自己像一只松鼠而感到骄傲的。最让卢梭感到受伤的事情，可能就是那位女士①与他决裂时向他说的话："你和其他人根本上是一样的。"正如一名法国批评家所指出的，这句话击中了要害，莫里哀笔下的机灵女仆也不可能说得更好了。卢梭及其早期追随者并不是简单地标新立异，而是追求情感上的独特感受。这一想法又迅速变成了与众不同地忍受生活的痛苦，而按照我们熟悉的原则，生活对于思考者来说自然是喜剧，但对于感觉者来说无疑是悲剧。这样，在浪漫派当中就产生了一种对苦恼的不无矫情的嗜好。拜伦远非是向大众展示"心灵流血的壮观场面"的第一人。夏多布里昂②特别为自己培养出了一种受到宿命摆布的、优秀人物才会具有的苦痛感，动不动就对最常见的不幸大发感慨："这些事只发生在我身上！"圣伯甫曾就夏多布里昂与他的布列塔尼老乡、《吉尔·布拉斯》（Gil Bras）的作者③作了一番有趣的比较，认为："《勒内》这样的书刺激起了一种微妙的精神自豪感。一个人在自己的想象中寻求某种独特的不幸遭遇，放纵其中并且在孤独中拥抱这种不幸。他告诉自己，伟大的灵魂必然比渺小的灵魂包容了更多的苦痛；同时他又悄悄跟自己说，他本人或许就是这个伟大的灵魂。另一方面，《吉尔·布拉斯》是这样一本书，它让你全面地接触生活和大量与你类似的人。当你精神消沉，相信宿命，并

---

① 可能是指卢梭的情人德·华伦夫人。
② 夏多布里昂（François-René de Chateaubriand, 1768—1848），法国早期浪漫主义作家，著有《阿塔拉》《勒内》等。
③ 即下文出现的勒萨日。

幻想某些特殊的事情只对你一个人发生的时候,去看《吉尔·布拉斯》吧,你会发现他有着同样的不幸遭遇,然而他视为寻常并克服了这些不幸。"

比较蒙田与卢梭也能发现类似截然不同的关系。就大的方面来说,这两位作家分别是勒萨日①和夏多布里昂心目中的大师。我们很容易忽略他们的不同,因为蒙田乍一看很像是卢梭那样的极端自我中心者,他几乎同样乐于将一己的独特喜好强加给读者。但归根结底,蒙田之所以对蒙田感兴趣是因为他是人;而卢梭对卢梭感兴趣,却因为他是让-雅克②。蒙田观察自身时,公正客观地把自己当成人类的一个普通样本来对待。而卢梭,正如我们所看到的,显然是洋洋得意于自己不同于常人的特性(otherwiseness)。蒙田希望成为普通人,或者换一种不那么具有误导性的说法,他的目标是成为具有代表性的人;卢梭的目标则是成为一个非常人或原生的天才。卢梭是一名反常的(eccentric)个人主义者,而蒙田则是一名合规矩的(concentric)个人主义者。下面这句话可以概括蒙田的性格——"每个人的身上都带有人类际遇的全部图像"。而卢梭则可以用他自己说的一句话来概括——"有些灵魂因为得天独厚而无法走常规道路",其自然的推论结果就是:他本人便是这种得天独厚者。

19世纪目睹了反常的个人主义者群体的崛起,尤其是在艺术和文学领域;这些人像卢梭一样鄙夷常规道路,并且从衣着这样的细节到精

---

① 勒萨日(Alain Rene Lesage,1668—1747),法国小说家和剧作家,著有《杜卡雷》《瘸腿魔鬼》等。
② 卢梭的全名为让-雅克·卢梭。

致化自身情感的一切事情上,他们都努力使自己和市民大众区别开来。他们在追求稀有与原创之时离正轨渐行渐远,这不仅显得偏执古怪,而且也是病态的。每个人都有权利表达自己独有的人生观,而且也有权利表达其本人独有的噩梦。最终我们就看到了波德莱尔这样的作家,他在"浪漫的堪察加半岛最顶端"为自己建造了一幢"气味和颜色有些奇怪的小小亭台",并且"用喜和惧来培植自己的歇斯底里情绪";他并没有忠实表现人的心灵,而是像老式古典主义者所说的那样,把创造"新的震颤"当成了自己的抱负。阿纳托尔·法朗士先生说过,被视为具有创新性是现代作家关注的全部问题。由于担心流于平庸,他(例如维克多·雨果)自豪于只读其他人不会去读的书,或者根本什么书也不读,从而变得像18世纪的那位女士一样——据说她"出于无知而尊奉自身原创性的能动原则"。对于吸收能力太强、过于完美地掌握了传统遗产的人来说,他们的危险在于,可能会因此感到创新是不可能的。据说某位法国的批评家经常厌倦地抛开别人送给他的新出版的诗集,并评论说:"所有的诗都是作出来的。"

但真正的创新是艰苦的生发过程,并且常常深深扎根于以往的文学当中,以此获得而非失去什么东西。拉布吕耶尔①在《品格论》一开头就说"任何事情都已经有人说过了",然后他写出了法语文学中最有原创性的一部作品。蒙田写了一部更具原创性的著作,可是这本书常常会让读者产生它只不过是名言汇集的印象。过分地尊重历史比我们

---

① 拉布吕耶尔(Jean de La Bruyère,1645—1696),法国作家,善写讽刺作品,著有《品格论》。

现在遭受的另一种过分倾向产生的危害要轻得多。例如，我们有一位年轻的作家在书评中受到赞扬，因为他"彻底挣脱了传统……前无古人般地进入了文坛。他是文学艺术中大规模否定过去的一个体现"。正是这种创新观念解释了为什么当代会有那么多极其无聊的作品。与传统决裂的人其实只是无知和自大，与此同时反倒认为自己具有原创性。他往往认为自己领先时代一百年，而实际上他至少落后时代四五百年。正如白哲特所说："他到你这儿来，带着诺亚在他的方舟里就丢弃的观点，而且还要引起大家的注意，就好像这是他的独家伟大新发现似的。"

我们可以确信，古代穴居人中的较为开化者已经对人性有所认识，而且他们的认识比许多现代激进主义者都要深刻。歌德曾经说过，如果他在年轻的时候就发现了古希腊文学中已有的杰作，那么他是绝对不会动笔写一行字的。歌德过于谦虚了；但今天的普通作者如果稍微接触一下这些书，那可真是要谢天谢地了！他哪怕只有歌德的一小部分知识和洞察力，他就再也不会把浪漫主义和自然主义运动的渣滓糟粕当作创新和天才的东西提供给我们了。他将发现，自己那些似是而非的隽语其实已不新鲜。他将不再是一名青涩的半吊子写手，而是会成为一名谦逊的同时又很明智的读者；如果他继续写作的话，他也不会那么急于创造，而是更加渴望赋予他的创造以人性。或迟或早，每个作家及其构思的人物都将不得不回答这样一个问题，这是一切打算皈依佛门的人首先都会被问到的一个问题："你是人吗？"长远地看，习惯栖身于人性中心而非遥远边缘的作家和艺术家最终会得到世人的赞成票。戈蒂埃①曾经很暧昧地赞扬雨果,说他的作品看起来非人工所致,而是来自某种自然元素,具有巨人般的风格,"就好像是波吕斐摩斯②式的作品一样"。雨果始终都是一名原创性的天才,这和歌德正好相反,虽然歌德最初是卢梭主义者,但后来却获得了人文的克制。

浪漫主义思潮从一开始就因过分关注创新而向偏锋发展;现在它已经开始结籽了。许多当代作家显然和最极端的古典主义者一样处于另一极端。他们认为,为了获得原创性,他们不必在典型性方面下多大工夫,只要学会表达自我就可以了。另一方面,古典主义者则因努力取得典型效果而常常丧失一切个人风格,笔下的人物沦为了毫无生气的抽象之物。两种极端做法都不足以达到人文的要求。为了恢复我们的基本原则,人文主义者必须结合上述两个极端并占领它们之间的全部领域。真正的原创性实在太难得了,因为这要求作品既表现普遍人性真理,同时又具有鲜明的个人风格。也许在古希腊作品那里,我们能发现结合这两种特点的最佳例证。对于希腊人来说,创新者是能够在仿古这一行为中进行创造的人。最上乘的希腊文学作品在很大程度上就是对荷马的创造性模仿。

今人并不希望像古希腊人那样通过吸收传统来获得原创性,而是通过忽视传统或(如果他是一名学者的话)证明传统是错误的来达到上述目的。迄今为止,我们几乎完全是在讨论卢梭主义者或情感自然主义者所说的原创性,但我们也不应忽略情感自然主义与科学自然主

---

① 戈蒂埃(Théophile Gautier,1811—1872),法国诗人、小说家、评论家,倡导"为艺术而艺术",明确提出"文学可以无视社会、道德"的主张,著有《珐琅和雕玉》等。

② 波吕斐摩斯(Polyphemus),古希腊神话中的独眼巨人。

义之间几点有趣的联系。培根主义者很少关注对古代智慧的吸收,他的目标毋宁说是促进知识的发展。他首先所强调的也是新的、创新的事物。以前人们曾经学究气十足地研究权威和法令,而卢梭主义者与培根主义者合作的结果,便是导致了关于原创性的真正学究式研究。学究式的科学家完全被自己那点儿研究内容所吸引,他和完全沉浸在自身情感中的学究式文学家和艺术家是最亲密的兄弟。现代学术界的主角不是人文主义者,而是进行调查研究的人。一个人从发霉的档案中挖掘出一篇未经发表的文献,那么他的地位就会高于有能力明智处置已出版文献的人。如果他能以新发现的文献为由写一本书或试图进行翻案,那他就更加光荣了。对真理的热爱不知不觉地蜕变为对矛盾修辞的热爱,而且这同一个人往往既是卢梭主义者又是培根主义者。

指责前人的评判,把一向是黑的东西说成是白的,或把一向是白的东西说成是黑的,此乃获得"创新"美名的最佳途径。就在前几天,英国的一份书评杂志发表了一篇名为"但丁揭秘"的文章。更好的一个例子是勒南对大卫王①所做的揭秘工作,他的结论是:"那些虔诚的灵魂,当他们为最优美的祈祷书中充满恬淡与轻微忧郁的情感而感到愉悦时,他们会想象自己在和这个强盗②进行灵魂的交流。人类愿意相信大卫所作的证言具有终极正义(尽管他自己从未想到过这一点),也会相信女巫西比尔的话是正确的,尽管她根本没有存在过。"相反的例

---

① 即《旧约》中的大卫。
② 指大卫王。

子就更多了。像提比略①、博尔吉亚家族②、罗伯斯庇尔都被人作过翻案文章。还有人写了一本书证明拿破仑一世的性格是极其热爱和平的。斯蒂芬·菲利普③先生试图为尼禄④的人性涂上一层诗性的光辉,说这位可爱的青年正如《笨拙》(Punch)周刊中的诗歌作者所说的那样,他——

> 毫无疑问会成就一番事业,
> 如果他没有在疯狂的、孩子气的玩闹中,
> 杀死了他母亲的话!

如果这种颠倒黑白的做法继续发展下去,用不了多久,要想获得原创性,就只能依靠谦卑地恳求世人保持传统的良好判断力这一条途径了。传统的良好判断力从来没有像今天这样动辄为人所蔑视。一位名叫巴克斯(Bax)的作家最近出版了一本为恶魔革命者马拉⑤翻案的著作,他在序言中写道:"一个人要搞清楚大多数人是如何思考这些问题(即马拉的性格)的","然后假定恰恰与其相反的观点才是正确的,这事实上

---

① 提比略(Tiberius,前42—37),古罗马皇帝,公元14—37年在位,因党派斗争,执政手段渐趋暴虐,最后归隐于卡普里岛。
② 博尔吉亚家族(the Borgias),定居意大利的西班牙世袭贵族,曾出现两位教皇及许多主教、王侯。
③ 菲利普(Stephen Phillips,1864—1915),英国诗人、剧作家,在其职业生涯早期很受欢迎,著有《大卫王之罪》《尼禄》等剧作。
④ 尼禄(Nero,37—68),古罗马暴君。
⑤ 马拉(Jean-Paul Marat,1743—1793),法国大革命时期的雅各宾党领袖,创立雅各宾专政,后被刺杀。

是一条相当稳妥的法则"。菲茨杰拉德①曾评论亨利·厄文（Henry Irving）扮演的夏洛克像是一名救世主，说"这等于努力在常识和传统的严密封锁下开辟出一条创新的道路"，我们也可以用这句话来形容绝大多数上述书籍。当然，正如我们已经说过的，在每个时代、每一个人身上都会有与主流发展趋势背道而驰的因素。在德国，写博士学位论文的一个常用窍门就是：抓住这样一个非主流因素并加以夸大，然后以此为出发点和传统的看法唱反调。比如说，卢梭在某处谈到他始终反感政治鼓动家，那么不用问，一定会有某位德国人由此来证明人们认为卢梭是一名革命者乃是对卢梭的恶毒诽谤。

甚至较严肃的学者也很难抵制时代精神中的这些东西，即要求他们的研究成果不但公正无误，而且必须标新立异。甚至美国一些历史相对悠久的大学，也逐渐熟悉了那种几乎将搞研究与出风头两种爱好等量齐观的教授。在大众心目中，这种人的最佳典型就是芝加哥大学的教授，他们的创新观点已经成了廉价小报取笑的对象。下面几条就是从这些报刊每天都在不断宣传的众多材料里随便挑选出来的，诸如：

　　接吻导致牙关紧闭。
　　宾夕法尼亚人正在变成印第安人。
　　男人在三十五岁之后无需锻炼身体。
　　音乐是一种消毒剂。

---

①　此处当指爱德华·菲茨杰拉德（Edward FitzGerald,1809—1883），英国作家，曾翻译古波斯诗人的《鲁拜集》。

狗不会跟着没有受过教育的人走。

婚姻是疯癫的一种形式。

薄伽丘是瑞典人。

约翰·洛克菲勒和莎士比亚是一样伟大的人。

有一天人类的心脏如果受伤或老化,可以从活体猿猴身上移植健康的心脏,等等。

238 芝加哥大学的教授会说——而且是很有道理地说——新闻报纸上的言论歪曲了他们。① 但我们说的只是一个大致的印象。甚至是奥斯勒②博士那番立刻使他在众多学术竞争者中脱颖而出的声明,如果结合其说话时的情境看,也会变得相对不那么耸人听闻。这位喜爱出风头的教授只不过是仿效卢梭这位善于矛盾修辞的大师罢了。有人曾经把卢梭的方法比喻为一个人当街开枪以吸引众人围观。当他吸引来大众的注意之后,卢梭就会逐步缓和其吊诡之辞,直至不再耸人听闻而有沦为老生常谈之危险。

大多数优秀的观察者可能都会认为,当代学术与文学研究过于偏离正道了;他们会赞成现在需要某种统一性的原则来抵抗对创新的过
239 分追求。例如,古美尔(Gummere)教授作为赫尔德与格林兄弟这一支学术传统在当代最杰出的代表人物,在最近发表的《文学中的创新与

---

① 芝加哥大学的讲师们曾和我说,大学是某些报纸恶意炒作的受害者。——作者原注

② 奥斯勒(William Osler,1849—1919),加拿大医师、医学教育家,著有《医学院里和实践》。

规范》①一文中异常清晰地诊断了今天学术界的弊病。他指出:日常生活中流行的分裂倾向以及过多的分析方法,正在使诗歌和创造性艺术的高级形式成为不可能。他建议我们抛掉这种知性的、分析的因素,努力重建公共同情的纽带,以此来矫正上述弊端。这一方案立刻暴露出了它的浪漫主义根源。卢梭曾经断言:单是同情所起到的凝聚作用,就会强于赤裸裸的自我主义和自我张扬所起到的分裂作用,古美尔的上述方案只不过是卢梭这一观点的另一表述形式罢了。甚至在研究诗歌起源的时候,古美尔教授都会将公共规约(communal discipline)视为公共同情(communal sympathy)的一个必要前提。无论如何,现在我们的希望似乎并不在于浪漫主义者是否打算恢复他认为曾存在于原始社会的那种本能与情感和谐一致的状态。我们需要的不是低于普通自我而是高于普通自我的相互交流与联合,同时我们是通过克制而非通过共同同情或其他什么同情达于这种更高和谐的。如果说我们现在彼此隔阂,原因不在于缺乏同情,而在于缺乏人文标准。

无须谈论现代社会的印象主义做派、传统标准的丧失及其迄今未能发现新的东西这些大的话题,我们至少可以指出一点,即教育不应该像今天这样通过大力卖弄学识来追求创新。总体来说,教育应当体现出我们民族生活中的保守与团结的因素。专门性大学如果需要有别于综合性大学和预科学校的存在理由的话,尤其应当维护人文标准。它

---

① 《评论季刊》(*Quarterly Review*),1906 年 1 月号。——作者原注

的作用并不像人们常常认为的那样,只是为了帮助学生表达自我,而更多是为了帮助他们获得人文教养。用纽曼主教①的话讲,专门性大学是用"一个伟大的常规手段来达到一个伟大但平常的目标";这一目标就是提供趣味和判断力的原则,训练明智、集中的观点,提供背景与前景,并且激发起——如果不是遵从的精神——对以往历史应有的尊重。我们当中的大多数人都听说过雪莱夫人的故事。当初有人建议她把儿子送到教人独立思考的学校去学习,雪莱夫人回答说:"我的上帝!还是教会他像其他人一样思考吧。"雪莱夫人曾经和一个真正的天才生活过,并且后者正是德国人所说的原创性天才,所以她知道自己说的是什么。现在,专门性的大学不但有必要让学生们学会思考,还要让他们学会分辨自己和别人的哪些想法是创新,哪些只是偏执古怪的东西。根据洛威尔的说法,华兹华斯就始终未能区分这一点,而且不只是他一个人,许多浪漫主义运动领袖都是如此。即使有引起物议的危险,我们也必须强调:大学的主要目标不是鼓励人们常说的创新和独立思想。美国东部一所大学的教授告诉我说:他常常给那些反驳本学科公认观点的本科生打高分,但最高的分数则留给了那些反驳传统看法之外更提出自己新观点的学生。这位教授的做法逐渐为人所知,于是他满意地看到具有独立、创新思想的学生迅速多了起来。

　　专门性大学应当警惕过分强调自我表达以及对人文吸收强调不足这两种倾向。上述危险在英语写作教学中格外显著。一位学生的父亲

---

① 纽曼主教(Cardinal Newman,1801—1890),英国基督教圣公会内部牛津运动领袖,后改奉天主教,著有《论教会的先知职责》《大学宣道集》等。

曾跟我说,"日常题材"这门课至少让他的儿子动了一番脑筋来学习。但如果这门课程只是让学生云里雾里地学习,那又该当如何呢?让没有(或只有很少)人文知识背景的年轻人动笔写作,他们最多只能做一些巧妙的印象式点评罢了。他们不会对文学作出真正的贡献,充其量只能比更浅薄的新闻体文章略显高明而已。直接教授英语的方法是不是能够取代通过优美的翻译作品,特别是拉丁翻译作品训练写作能力的办法?在翻译西赛罗的作品时能注意到细微意义差别的学生,他对英语(姑且不说拉丁语)的掌握,是否就不如那些花费同样时间写作日常题材与创新文章的学生?这还真是一个值得商榷的问题。不过,我们必须公平评价我们的英语系。他们得被迫应付那些并非完全由他们负责的情况,特别是预科学校强加给他们的学生当中有很多人几乎连文理都不通。他们不得不花费大量时间来传授最基本的英语语言规范。本来属于大学英语基础课程的大部分内容,最后很可能被分派给了高中甚至家庭,而高级写作班的任务多半被完全忽略,否则就应该像法国一样,把写作与阅读和细致研究大家作品相结合,这样,吸收知识就能够与表达同步进行了。

斯宾诺莎说过,一个人眼前应当时常出现人之观念即某种人的理念(*idea hominis*, *tamquam naturae humanae exemplar*)。换句话说,他应当具有一种自己尊重的人文标准,这一人文标准并不排斥原创性,而是会帮助他区分自己或别人身上什么东西是创新的,什么又只是畸形和反常的。少数人可能会通过哲学的洞见获得这一人文标准,但在大多数情况下,它是通过对优秀文学作品的认识而达到的。这些杰出作品就像是一条绵绵不断的金链,把更为永恒的作品连接为一个完整的传统;这些书在本质上是那么和谐统一,用爱默生的话来讲,它们就像是一名无所不见、无所不闻的绅士所写的作品。简言之,如果想发扬人文主义,最实用的方法就是努力复兴那种今天几乎已经失传的阅读艺术。一般来说,一个具有人文素养的人往往在记忆中贮存了大量最优秀的文学作品,其中具有只有大师才能完美表达的健全理智。与之相反,人文主义衰落、卢梭主义兴起的标志,就是这种记忆的高级应用逐步走向了消亡。对古希腊人来说,缪斯女神的母亲是记忆女神,而非如现代人所认为的那样,是灵感或天才的女儿。圣伯甫曾经说过:"我们应当不时向山顶望去,瞻望那些可敬的凡人,同时叩问自己:他们会怎样评论我们?"圣伯甫在作如上建议的时候,他很可能想到了朗吉努斯。① 一个人如果不曾通过我们上面所说的方式丰富自己的记忆,那么他就不会从这项建议中获得益处。

---

① 《论崇高》(*On the Sublime*),第14节。——作者原注

第九章　学术的闲暇

　　就目前状况而言，把"学术"和"闲暇"这两个词联系在一起，几乎有些讽刺的意味。一位杰出的内科医师曾经说过，华尔街的投机者与大学里的教师是最可能得神经衰弱症的两种人。正如大家所知，神经衰弱症的受害者不是要做的工作太多，就是要做的工作太少，而商业人士无疑会认为大学教师正属于后者。尽管他们会发出这样的嘲讽，然而其实大学教师非但有足够的工作要做，而且有太多的工作要做，他的工作甚至会导致异乎寻常的疲劳与高度的压力。就现状来看，大学用不了多久就不会再有那种"快乐研究的静谧气氛"，而是成了人们需要时常退出到疗养院修养的地方。培根式的实验室工作越来越辛苦，于是便产生了一切反常现象中最为奇特的一种现象——紧张忙碌的学者（the hustling scholar），而"学者"一词在希腊语中的意思即是"忙碌的闲暇者"。

　　学术界鼓励或逼迫人们接受大量的繁忙工作，这即便从严格的培根主义立场来看也是不明智的。如果说"人应当有时间来沉思"在培根主义者眼中显得无足轻重的话，那么"学者应该有时间最大限度地做好自己的事情"则是十分重要的。例如，在欧洲被认为有能力进行学术创造的人，一般不会指望他们每周花三个小时以上的时间来授课。但在我们这个国家，有能力取得研究成果的学者，每周常常得花九至十八个钟头用于教学或讲座；除此之外，他们很可能还要负担行政任务，更不用说通过其他方式来补贴薪水的不足了。上述情形不但正好与健全的培根主义原则相反，也违背了普通常识，将来无疑会逐步得到矫正。

为我们的学者减掉不必要的繁重工作，这在某些方面触及了闲暇问题，但在另外一些方面则与之毫无关系。我们不妨设想一批具有学术生产力的学者，他们每个人都是本专业领域中的佼佼者，本可以随心所欲研究本行，但却没有一个人有闲暇来开展研究。当今天的学者抱怨缺少闲暇的时候，差不多总是在说他没有时间来做自己的事情。不能赋予闲暇任何更多的意味，这正表现出我们对学者的概念发生了某种变化。以前的学者之所以受人尊敬，更多的是凭他是什么，而不是他做了什么。用《便西拉智训》(Ecclesiasticus)中的话来说："学者因闲暇得智慧，事务无多自生灵明。"但在另一方面，培根主义往往几乎完全用工作来衡量学者的成就。比方说，哈珀校长在去世前不久发表的一篇讲演中，列数了他认为的完美教授的条件，并在结尾处指出"他应当乐于每年辛勤工作十一个月"。这番话中的某些东西令人想起已故的罗素·塞奇①和他那篇论"不公平的假期"的名文（其中有一幅画像，表现已经八十八岁高龄的作者在和蔼地俯视一台证券行情收录器）。人们也会想到相反的情形，如亚里士多德曾经说过："我们工作是为了

---

① 罗素·塞奇(Russell Sage, 1816—1906)，美国金融家、众议员。

休闲。"如果哈珀校长所谓的模范教授竟在如火如荼的工作过程中稍事休息,显然也不是为了休闲,而是为了——在疗养院或其他什么地方——恢复体力重新投入工作。时代的英雄(the hero of the hour)不是闲暇者,而是陷于所谓"人道主义的忙碌"(humanitarian hustling)的人。人们一度想当然地认为大学校长①和福音会牧师正是在这一点上不同于大众的,后来我们还听到了更奇怪的说法,即有论者认为法官也应该是"人道主义大忙人"。

从罗素·塞奇这样的生意人到传统上支持闲暇的大学校长们都一致称颂工作,这绝不是一个普通现象。艾略特校长有云:"工作中的快乐是工业民主制度的主要希望所在。"在此我们又一次想到了亚里士多德,他在《伦理学》中得出的结论是:最高的善不是工作中的快乐,而是思辨的快乐。我们应当记得,亚里士多德在称赞闲暇与思辨生活的时候,我们忍不住要补充说,他是作为最成熟的希腊著作以及所有文化的阐释者,而非寂静主义者或神秘主义者来说这番话的。鲍桑葵②先生有句话说得精彩:"闲暇——我们所说的'学校'一词即

---

① 不过一些讽刺报纸已经开始产生怀疑了。这里是最近一期《生活》杂志举出的"新式大学校长"名单中的两个例子:"Philander Boggs,神学博士,Arkana 大学校长,刚从 Yarvard 大学获得文学博士学位。Boggs 校长最近三个月筹集了二十五万美元,他相当称职,把他的研究机构建在了最边远的地方。……当那位货真价实的教育家 Boxall Webster 掌管 Hilldale 神学院时,学校财务处几乎连一美元都没有。如今学校新建了五座大楼,社会上的捐赠如流水般迅速涌入,都有必要再买一个新的保险箱了。Webster 校长无疑是现代思潮的领袖……"——作者原注(译者按:文中多处利用谐音、仿词等手段进行漫画式的讽刺,例如 Philander 意谓花花公子,Yarvard 仿自 Harvard,等等。从汉语翻译中很难见到原文的俏皮,故此处保留原文。)

② 鲍桑葵(Bernard Bosanquet,1848—1923),英国黑格尔主义哲学家、美学家与社会政治学家,著有《美学史》《国家的哲学理论》《美学三讲》《当代英国哲学》等。

由此派生而来——对古希腊人来说表达了心灵的最高瞬间;它不是工作,但更不意味着娱乐。它是心灵的运用,我们通过伟大的思想,通过提升自身的诗歌和艺术,通过智力的最大限度发挥,此外还通过宗教,对某种无法从自身割舍的东西、宇宙间真正的'一'(oneness)与核心不时发生感应;我们感到,不论我这个渺小而短暂的生命发生了什么事情,生活仍然是值得经历的,因为它和某种永恒价值有着真切实在的联系。"

　　这种学术闲暇的传统与旧式人文主义在英国的大学中尚有一定的保留。但即便是在牛津和剑桥,人文主义者和闲暇者也正在受到专门的科学家和忙碌的人道主义者的排斥;在我们美国的大学教师当中,这样的情况就更多了。如今流行的生活观念排除了休息的观念。它不认为人以自身为目的,而是用来达到某种外在目的的工具,从而根本无视人的活动与适当完善异于工具或机器之处。简而言之,古希腊人闲暇观念中所蕴含的全部内容遭到了忽视,并代之以对能量和机械效率的崇拜。布赖斯①先生认为:"如今在美国,生活的压力和匆忙程度比以往都大,从普通工人到百万富翁,每个人都比他的父亲拥有一个更大的蒸汽机头。"正如布赖斯先生的隐喻所暗示的,判断人的标准和判断火车头的标准是一样的,除非看到轮子在转,否则人们不会觉得这个人仍在活动。如果发现火车头有磨损的痕迹,经济实用的做法就是把它扔掉换一台新的;同样,主要部件完好无损的青年人往往比中年人更受欢迎。像奥斯勒博士那样的培根式学者并不少见,他们动辄以科

---

① 疑指詹姆斯·布赖斯(James Bryce,1838—1922),英国外交家、历史学家,著有《美利坚共和国》。

学为名,让人们在事务性世界中走向这种残酷的自然主义。奥斯勒博士的言论虽然经过大肆演绎而显得幽默夸张,但对于某些人在科学进步的幌子下退回到石器时代伦理的做法,它仍不失为一个难得的代表性观点。

培根本人无疑会反对今人所做的诸多费力之举。但在培根称许的"积极的生活优于思辨生活"的言论与比这更夸张的勤奋之间,仍然存在明显的联系。直至培根生活的时代,传统一贯认为的至善不是通过行动而是通过沉思得来的。至少在这一点上,东方与西方,古希腊人与基督徒,伊斯兰教徒、佛教徒以及印度教徒,彼此达成了共识。信仰受益于不受外界干扰的沉思,这导致了无数寺院的建立。中世纪神学袭用了亚里士多德的闲暇学说,并以此来附和基督教中以玛丽的智慧高于马大①的教规,在至福极乐的景象中看到了最高奖赏和宗教生活的功德圆满。人们立刻就会感到,当培根攻击亚里士多德及其闲暇观念时,他所攻击的其实是传统信仰中的一个核心教条。几百年来,人们对提倡沉思生活的整套做法越来越感到不满,而培根的反拨即得力于这种不满情绪。人们始终能够感觉到闲暇与沉思的必要性,但当他们试图促进自己认为的至善时,常常几乎同样促进了至恶的"怠惰"——最好的人的败坏是最恶劣的(*corruptio optimi pessima*)。例如,寺院在理论上是圣徒和智者们躲避世事、苦行沉思的地方,但是在现实中,懒惰的修士们如伏尔泰所说的那样,"向上帝发誓,以我们的供养为生"。此外,像牛津、剑桥这样的大学,本来是学者利用闲暇的所在,但牛津大

---

① 马大(Martha)是玛丽(Mary)的姐姐,二人事迹详见《新约·路加福音》。

学变成了吉本①描述过的葡萄酒和偏见的大本营,而剑桥大学在另一位18世纪观察者的眼中不过是一个在此可以完善游手好闲这门艺术的地方。② 洛威尔赞成在哈佛建立若干"懒人船"(lazy-ships),但这个词显然不大合适,因为它抹煞了懒散与闲暇之间至关重要的区别。

于是,闲暇观念由于培根主义原则愈演愈烈而深受其害,许多自居为该原则代表人物的琐屑卑劣也对之造成了损害。另外,在过去一百年甚至更长的时间里,闲暇观念还受到了卢梭和卢梭主义者的折磨。巴黎新索邦大学③阅览室入口处两侧是绘有女性形象的壁画,其中一名表情凝重,双眉紧缩,名曰"科学",另一名衣袂飞扬,眼神迷茫而深邃,名曰"梦想"。她们各自代表的科学分析者与浪漫梦想家在19世纪平分秋色,二者虽然针锋相对,但同样敌视闲暇。如果说培根主义者拒绝闲暇是由于把它当成了不同于休息或放松的东西,那么卢梭主义者则是把闲暇变成了空想。他往往泯灭了思考与梦想之间的差别:对于"一阵阵甜美而沉默的思考"和"明智的被动"二者有何区别,他还缺乏足够的感受。他就像梯也尔所说的路易·拿破仑一样,不愿也不能区分"梦想"(rêver)与"思考"(réfléchir)这两个动词。正如圣伯甫所

---

① 吉本(Edward Gibbon,1737—1794),英国历史学家,其代表作为《罗马帝国衰亡史》。

② 参看《旁观者》(Spectator),第54期。——作者原注。(译者按:此处所谓"另一位"18世纪的观察者当指英国散文大家艾迪生与斯蒂尔[Addison & Steel],二人,尤其是前者,系《旁观者》的主要撰稿人。)

③ 即巴黎第三大学l'Université Sorbonne Nouvelle-Paris 3。

说,空想是卢梭的一大发现,是他自己的美洲新大陆(son Amérique à lui)。游手好闲的魅力从一开始就受到人们的充分赞赏。但卢梭在其"梦想"实践中成功达到了一种超验的懒散状态——他让自己的灵魂无所事事地到处游荡。他是审美流浪大军中的第一人,这些人在满世界的奢侈梦想中找到了安慰,并且常常在梦想的世界中寻求庇护以逃避被科学分析者所喝破的现实。无疑,当我们更多地从外部来看待浪漫主义运动而不再用浪漫主义领袖的自我评价来评价这群人的时候,这种混淆思辨生活与空想的做法势必会成为一门古怪的学问。卢梭说过"我绝不会受积极生活的引诱",截至目前,他说话的派头很像一名智者或隐士。但是继续看下去,我们就会发现他更像拜伦所说的那种隐士——他们"钟情于闺房而将之视为岩洞",并用(当年圣安东尼曾跳到雪里来躲避的)影像来排解孤独。

弗里德里希·施莱格尔在他那篇非同凡响的《懒散哀歌》(Elegy on Idleness)中,更赫然混淆了空想与闲暇的区别:"懒散啊懒散!你是纯真与诗歌的固有组成;……珍视你的人有福了,你是神圣的宝石,是人类失去乐园后唯一与神相似的存在碎片。……为什么要有神呢,如果不是因为他们有意识地、有目的地不做任何事情,因为他们理解这项艺术并且是这方面的大师?啊!为了在这方面做得像神一样,诗人、智者和圣徒们付出了多么大的努力啊!他们争先恐后地讴歌孤独、闲暇以及自由的无虑无为!……只有通过恬静温存,在真正恬静的神圣宁和中,我们才能实现全部自我……懒散的权利是高贵与凡俗的区别标志,而且是贵族的真正本质。一言以蔽之,人类越具有神性,就越和植物相似。"①

个人情感与民族情感都以不同的方式制约着梦想。如果说卢梭的梦想显得淫逸放纵，德国人的梦想感伤而有学究气，那么在华兹华斯这样的英国人身上，梦想则变得严肃而具有伦理意味。华兹华斯试图将道德的尊严赋予某种归根结底不过是一种令人愉快的享乐主义思想或灵魂与感官的狂欢杂烩。例如，彼得·贝尔（Peter Bell）"有十几个身为有夫之妇的老婆"，并对上帝和人类犯有其他各种可怕的罪行——当然，他最大的罪行是未能超验地领会那朵"河畔的报春花"，如果他能感到"温柔碧空的魔力"，那么或许一切就会有所不同。

我们并不打算一味抨击浪漫主义的空想。人文主义者并不否认"明智的被动"的作用，他只是拒不承认这种做法足以取代闲暇罢了。他会感谢那些在卢梭的崇拜者看来是由卢梭丰富的人类灵魂的新能力，尽管他总会为卢梭思想中合理的、有价值的东西与太多的病态观点搅和在一起而感到遗憾。人文主义者会大方地承认卢梭思想在一定界限内有其合理之处，但出了这个界限，他的思想就会像近来一位法国作家所说的那样，代表了"人性中高等部分的整体腐烂"②。

总而言之，人文主义者既不会否定情感的自然主义，也不会拒斥科学自然主义，因为这等于试图作出不可能的反拨。他的目标不是否认

---

① 《懒散哀歌》出自 1799 年出版的《路辛德》（*Lucinde*）。——作者原注
② 拉塞尔（P. Lasserre），《法国的浪漫主义》（*Le romantisme français*），1907 年，第 70 页。拉塞尔在这本书中对法国的浪漫主义运动进行了犀利的分析和追问，但在建设性方面则较为薄弱。——作者原注

他的时代而是完成他的时代。本书对各种各样的潮流都进行了自由的批判,尤其批判了这一倾向:在需要服从常识与人文标准的约束时,却以乌托邦的方式诉诸博爱原则。但是,在所谓"19世纪浪漫主义和自然主义的放浪"之后适当清醒一下还是值得的;因此我们不一定非要回到18世纪的观点(尽管相对于某些浪漫主义者,更尊敬约翰逊博士这样的18世纪作家并不是一件坏事)。19世纪的大扩张、知识与同情的完善都是非同凡响的,但这只是为了准备迎接更公正的评判和更丰富的选择。一味强调知识与同情就会变成对自身的反讽①,同时表明我们没能力把自己从无序状态和印象主义中解救出来。我们所需要的新型综合并不是通过培根主义者的勤勉努力就能达到的,而且我们也不能指望用卢梭主义者的空想来躲避培根主义者的片面性。艰苦工作之富有成效的对立面不是空想,而是闲暇与反思。

  爱默生认为柏拉图使我们的独创性受到了惨重破坏。柏拉图在《政治家篇》②结尾部分全面讨论了"勤勉的生活"这个问题:根据他的观点,存在着两种不同类型的性格,它们各自都有值得称道的地方。一种表现为运动或能量,而另外一种则表现为静止安宁。对于前一种,我们会说:真是大丈夫啊!好有活力啊!多么爽快啊!而对于后一种,我们则会说:真冷静啊!多么温文有度啊!何等尊严啊!治国之术的最大胜利就在于平衡这两种类型,不让任何一方畸轻畸重。因为,当第一种类型占据统治地位,"起初或许会发展壮大,但最终会爆发成为不折

---

① 参见本书第42、43页。——作者原注
② 见乔伊特(Jowett)英译本《柏拉图著作集》,第4卷,第429、517—518页。——作者原注

不扣的疯狂",并且会像柏拉图在别处指出的那样,使一个国家与所有的邻国为敌交战。另一方面,"尽管力量型的性格在公正与谨慎方面逊色于温和节制的性格,但是它具有惊人的行动能力,而当两种性格都缺少时,城邦无论在公共生活还是在私人生活方面都难以蓬勃发展"。因此,柏拉图想象出了一种完美的政治家,类似"机械降神"(deus ex machina),其任务便是结合力量和节制这两种性格,并使之成为理想城邦的经线和纬线。

柏拉图赋予其理想统治者的某些职责,在今天似乎是属于高级研究机构的工作。我们的综合性大学与专门性大学所能提供的最大服务,就是营造闲暇与反思的氛围,来反抗"能量崇拜"(the worship of energy)以及对行动的疯狂渴望。今天的大学也许会认可思辨生活提出的要求,同时不复鼓励与世隔绝的生活或重蹈以往修道院制度的各种弊端。若要防止生活退化到狂热追求机械效率的地步,我们就应当为生活中"最后的安静元素"留出广阔空间。艾略特校长说起过工业民主制度(industrial democracy),如果想让文明的人愿意在这样的国家里安居,那么就需要用闲暇的快乐来调和工作的快乐。工业民主国家往往只以工作为乐,这无异于生活在不停运转的搅拌机里,而且还说这就是进步。如果这样来理解的话,"进步"其实不过是倒退回野蛮状态的一条途径。获取力量的奥秘自然是好的,但我们不能因此便牺牲和平的奥秘。我们当前所需要的,既非东方的寂静主义思想,亦非某种西方式的非人的勤奋工作,既不是纯粹的行动也不是纯粹的休息,而是占据二者之间全部空间的混合类型,即被规定为人文主义理想的"无为而有为"(activity in repose)。现代化机器的真正优势在于它减轻了世人的繁重工作,并且向更多的人提供了最多可能的休闲机会。我们不应让别人说服自己,认为制造机器的目的仅仅是为了保障我们从事更加紧张剧烈的活动。尤其是目前的情形,是无法用所谓"人道主义的忙碌"来加以救治的。我们曾引述联邦法官的话,他们劝诫美国人用百分之十的思考来配合百分之九十的行动。如果我们自己斗胆来劝诫美国人的话,我们倒是宁愿引用德摩斯梯尼①的话:"我以神的名义请你们来思考。"无论如何,我们已经有了许多的行动,但只有通过更加人性化的反思,我们才能避免那些力图在国民生活中取消闲暇原则的国家必定会遭受的惩罚。

---

① 德摩斯梯尼(Demosthenes,前384—前322),古希腊演说家、民主派政治家。

译名对照表

Abbeys of Thélème 德廉美修道院
Absolute being 绝对存在
Absolute value 绝对价值
Absolute 绝对
Acedia 怠惰
Activity in repose 无为而有为
Adams, Charles Francis 亚当斯
Adhem, Abou ben 阿布·本·阿德罕姆
Agrégation（法国的）教师资格会考
Ajax 埃阿斯
Altruism 利他主义
Amiel, Henri Frédéric 艾米尔
Antigone 安提戈涅
Anti-iconoclast 反偶像破坏者
Aquinas, St. Thomas 圣托马斯·阿奎那
Architophel 阿奇托弗尔
Aristocracy of birth 世袭民主
Aristocracy of character and intelligence 性格与智力上的贵族
Aristocracy of money 金钱贵族
Aristocratic aloofness 贵族式冷漠
Aristocratic democracy 贵族式的民主
Arnold, Matthew 马修·阿诺德
Assimilative scholarship 吸收性学术研究
Atlantic Monthly《大西洋月刊》
Augustine, St. 圣奥古斯丁
Aulus Gellius 奥鲁斯·格利乌斯
Averrhoes 阿维罗伊

Bachelor of Arts degree 文学士学位制度
Bacon, Francis 弗朗西斯·培根
Baconianism 培根主义
Bagehot, Walter 白哲特
Baudelaire, Charles 波德莱尔
Bax 巴克斯
Beast fables 动物寓言
Beaumont, Francis 博蒙

Bell, Peter 彼得·贝尔
Bentley, Richard 本特利
Boccaccio, Giovanni 薄伽丘
Boewulf《贝奥武甫》
Boileau 布瓦洛
Boissier, Gaston 博西埃
Bonaventura, St. 圣波拿文都拉
Borgias 博尔吉亚家族
Bosanquet, Bernard 鲍桑葵
Bossu, René Le 勒博叙
Bossuet, Jacques 波舒哀
Bourget, Paul 保罗·布尔热
Boursault, Edmé 布尔索
Brewer 布儒尔
Briggs 布瑞格
Brooks, Phillips 菲利普·布鲁克斯
Brossette 布洛赛特
Brunetière, Ferdinand 布吕内蒂埃
Brutus, Marcus 布鲁图
Bruyère, Jean de La 拉布吕耶尔
Bryce, Viscount James 布赖斯
Buddha, Gotama 佛陀乔达摩
Burke, Edmund 柏克
Butcher 布彻
Butler 巴特勒

Caedmon 凯德蒙

Calderon, Pedro 卡尔德隆
Calvin, Jean 加尔文
Candide 憨第德
Cardinal Newman 纽曼主教
Carlyle, Thomas 卡莱尔
Casaubon 卡佐邦
Castiglione, Baldassare 卡斯蒂廖内
Chamfort, Nicolas 尚福尔
Chanson de geste 武功歌
Chanson de Roland《罗兰之歌》
Chateaubriand, François-René de 夏多布里昂
Chaucer 乔叟
Cheap contemporaneousness 廉价的当下性
Chinaman 中国佬
Cicero, Marcus Tullius 西塞罗
Classics 古典,古典作品
Coleridge, Samuel Taylor 柯勒律治
Commercialism 重商主义
Communal discipline 公共规约
Communal sympathy 公共同情
Comparative method 比较方法
Compayré, M. 康帕耶
Comte, Auguste 孔德
Concord 康科德
Cosmopolitanism 世界主义

Council of Trent 特伦特会议
Counter-irritant 反向刺激物
Cross-examining 反复诘问
Cultivated man 教养的人
Curzon Committee 柯曾委员会

Dante 但丁
Decadent novels 颓废小说
Decorum 礼仪
Degree with honors 优等学位
Degrees with distinction 荣誉学位
Democratic inclusiveness 民主式包容
Demosthenes 德摩斯梯尼
Descartes, Rene 笛卡尔
Deus ex machina 机械降神
Diderot, Denis 狄德罗
Dilettanteism 浅薄涉猎的做法
Discipline 训练，规训
Diversity 多样
Doctrine 信条
Doctrine of original depravity 原初堕落说
Dogberry 道格勃里
Donne, John 邓恩
Double consciousness 双重意识
Dryden, John 德莱顿
Dumas, Alexandre 大仲马

Ecclesiasticus《便西拉智训》
Educational impressionism 教育印象主义
Elegant amateur 高雅的业余者
Elegy on Idleness《懒散哀歌》
Eliot, Charles William 艾略特
Emerson, Ralph Waldo 爱默生
Enlightened self-interest 开明自利
Epicureanism 享乐主义
Era of concentration 集中时期
Era of expansion 扩张时期
Ergo vivida vis animi pervicit 灵魂的鲜活力量实现了统治
Et in vitium fortuna labier aequa 从繁荣昌盛滑向堕落
Euphuism 优浮体
Euripides 欧里庇得斯
Evening Post《晚报》
Examining boards 考查委员会

Faguet, Auguste Émile 法盖
FitzGerald, Edward 菲茨杰拉德
Fletcher, John 弗莱彻
Fontaine, Jean de La 拉封丹
France, Anatole 阿纳托尔·法朗士
Free government 自由政府

Gaelic 盖尔语

Galilei, Galileo 伽利略

Garguantua 高康大

Gautier, Théophile 戈蒂埃

General norm 一般标准

Geniezeit 天才时代

Gibbon, Edward 吉本

Gil Bras《吉尔·布拉斯》

Gilman, Daniel Coit 吉尔曼校长

Gissing, George 吉辛

Gladstone, William Ewart 格莱斯顿

Goddess *Natura* 自然女神

Godefroy's Dictionary《高德弗华辞典》

Good sense 良好判断

Goodness of "nature" "自然/人性"之善

Grimm, Jacob & Wilhelm Grimm 格林兄弟

Group system 分组体制

Gummere 古美尔

Gymnasium（德国的）高级中学

H. Rigault 里高乐

Happy stupidity 有福的愚蠢

Hard literalness 僵硬的考订做派

Harpe, Jean-François de La 拉·阿尔普

Harper 哈珀

Harriman 哈里曼

Harvey 哈威

Hawthorne, Nathanial 霍桑

Heine, Heinrich 海涅

Henriade《亨利亚特》

Henry IV 亨利四世

Herder, Johann Gottfried von 赫尔德

Herford 赫福德

Hermann, Gottfried 赫尔曼

Higher Self 更高自我

Hippolytus《希波吕托斯》

Honnête homme 至诚君子

Honor group 荣誉小组

Honors in Literature 文学优等奖金

Horace 贺拉斯

Horreur sacrée 神圣的恐惧

Human perfectibility 人性可完善的理论

Human spirit 人类精神

Humane training 人文训练

Humane 人文的

Humanism 人文主义

Humanistic 人文主义的

Humanist 人文主义者

Humanitarian hustling 人道主义的忙碌

Humanitarian 人道主义的

Humanitarianism 人道主义

Hungry Greekling 贪婪的希腊人

Iago 伊阿古
Ibsen, Henrik Johan 易卜生
Idea hominis 人的理念
Idea of liberty 自由观念
Idea of progress 进步的观念
Idea of quality 质量的观念
Iliad《伊利亚特》
Imperialistic centralization 帝国主义式的集权化
Industrial democracy 工业民主制度
Irving, Henry 亨利·厄文

James, William 詹姆斯
Jardin des Plantes 巴黎植物园
John Hopkins University 约翰·霍普金斯大学
Johnson, Dr. Samuel 约翰逊博士
Jonson, Ben 本·琼森
Jowett, Benjamin 乔伊特
Juvenal 尤维纳利斯

Kepler, Johannes 开普勒
Kidd, William 基德船长
Kindergarten methods 幼稚方法
King Philip 菲利普王
Kingdom of man 人之王国

L'honnête homme qui ne se pique de rien 不自以为是的君子
La Débacle《溃败》
Laboratory method 实验室方法
Laboratory sociology 实验室社会学
Lachmann 拉赫曼
Laissez faire 自由放任
Lasserre, P. 拉塞尔
Law for man 人之法则
Law for thing 物之法则
Law of measure 节度法则
Lemaître, Jules 朱利斯·勒马特
Lesage, Alain Rene 勒萨日
Lessing, Gotthold Ephraim 莱辛
Liberal culture 自由文化
Liberty 自由
Libido dominandi 权力欲
Libido sciendi 知识欲
Libido sentiendi 感官欲
Licence（法国的）学士学位
Litterae humaniores 更加人文的文学
Lofty 洛夫第
Longinus, Cassius 朗吉努斯
Lord Monboddo 蒙博多勋爵
Love of God 上帝之爱
Love of man 人类之爱
Lovers of analysis 喜爱分析者

Lovers of synthesis 喜爱综合者
Lowell, Lawrence 洛威尔
lower self 低级自我
Lucinde《路辛德》
Luther, Martin 路德
Lycée（法国的）公立中学

Macaulay, Thomas Babington 麦考莱
Machiavelli, Niccolò 马基雅维利
Malherbe, Francois de 马莱伯
Marat, Jean-Paul 马拉
Marcellinus, Ammianus 马塞林
Marini, Giambattista 马里尼
Marinism 马里尼风
Marivaux, Pierre Carlet de 马里沃
Martha 马大
Mary 玛丽
Mechanical compilation 机械性的资料编纂
Medievalism 中世纪主义
Meister, Wilhelm 威廉·迈斯特
Menagerie 动物展览
Methuselah 玛士撒拉
Meyer 梅耶
Michelet, Jules 米什莱
Milton, John 弥尔顿
Miss Blanche Amory 布朗施·阿茉莉小姐

Modernism 现代主义
Molière 莫里哀
Monism 一元论
Montaigne, Michel Eyquem de 蒙田
Montesquieu, Charles Louis 孟德斯鸠
More, Paul E. 保罗·穆尔
Muller, Max 马克斯·缪勒
Munsterberg, Hugo 明斯特尔贝格
Murray 莫瑞
Musset, Alfred de 阿尔弗雷德·德·缪塞
Mystery plays 神迹剧

Nation《国家》
Native instinct 天生本能
Natural law 自然法则
Nausicaa 瑙西卡
Nemesis 复仇之神、报应
Nero 尼禄
New Alexandrianism 新亚历山大主义
Nieberlungenlied《尼伯龙根之歌》
Nil admirari 淡然处之
Nominalist 唯名论者
Norton, Charles Eliot 查尔斯·艾略特·诺顿
Nothing 无
Novum Organum《新工具》

Odyssey《奥德赛》
Ohnet, Georges 乔治·欧奈特
Old humanism 旧人文主义
On the Sublime《论崇高》
Ordinary self 普通自我
Original laziness 原初的怠惰
Originality 创新
Orinoco 奥里诺科河
Osler, Sir William 奥斯勒博士
Ossian 奥西恩
Over-trade 过度交易
Ovid 奥维德

Pascal, Blaise 帕斯卡
Pass degree 普通学位
Pater, Walter 沃尔特·佩特
Paul, St. 圣保罗
Paulsen, Friedrich 弗里德里西·保尔森
Pendennis《潘丹尼丝》
Percy 珀希
Perrault, Charles 佩罗
Petrarch 彼特拉克
Phèdre《菲德拉》
phenomenal nature 现象自然
phenomenal self 现象性的自我
Philanthropy 博爱
Phillips, Stephen 菲利普

Philology 文献学
Pindar 品达
Pluralism 多元论
Plurality 多样
Pococurante 波科库兰特
Polyphemus 波吕斐摩斯
Pope, Alexander 蒲柏
Power and service 权力与服务
Préciocité 玩弄风雅
Preparatory school 大学预科
President Hadley 哈德利校长
Principle of selection 选择的原则
Productive scholarship 生产性学术
Promiscuous benevolence 驳杂的善行
Protagoras 普罗泰戈拉
Punch《笨拙》周刊
Purism 纯粹主义

Quellenforschung 来源研究
Quiddam suum ac proprium 与众不同的地方

Rabelais, Francois 拉伯雷
Racine, Jean Baptiste 拉辛
Raskal many 卑贱的众人
Realist 实在论者
Réfléchir 思考
Reliques《遗迹》

Renan, Ernest 勒南
René《勒内》
Restraint 约束
Rêver 梦想
Reynolds, Sir Joshua 雷诺兹爵士
Rhodes scholar 罗兹奖学金获得者
Right reason 正确理性
Rochefoucauld, François de La 拉罗什富科
Rockefeller 洛克菲勒
Rogers 罗杰斯
Rostand, Edmond 罗斯丹
Rousseau, Jean-Jacques 卢梭
Russell 罗素
Rymer 莱墨

Sack of Rome 罗马之劫
Sage, Russell 罗素·塞奇
Sainte-Beuve, Charles Augustin 圣伯甫
Saint-Évremond, Charles de 圣埃夫勒蒙
Saintsbury, George 圣茨伯里
Sales, Saint François de 圣弗朗西斯
Santayana, George 桑塔亚那
sapiens atque eloquens pietas 睿智而雄辩的同情
Sargent, John Singer 萨金特
Scaliger, Joseph Justus 斯卡利杰

Schiller, F. C. S. 席勒
Schiller, Friedrich von 席勒
Schlegels 施莱格尔兄弟
School of genius 天才派
School of good sense 明智派
School of originality 原创派
Scientific humanitarian 科学的人道主义者
Selective democracy 选择性的民主
Self-assertion 自许
Sense of form 形式感
Sentimental humanitarian 情感的人道主义者
Seven deadly sins 七宗罪
Shaw, Bernard 萧伯纳
Sibyl 西比尔
Sidney, Sir Philip 西德尼爵士
Solution of continuity 连续性的消解
Son Amérique à lui 美洲新大陆
Sophocles 索福克勒斯
Sound reason 健全理性
Spencer, Herbert 斯宾塞
Spinoza, Baruch de 斯宾诺莎
Sprezzatura 孤高倨傲
Staël, Madame de 斯达尔夫人
Stendhal 司汤达
Stephanus, Henricus 斯特方
Stoical ideal of perfection "完善"理想

Stoicism 斯多葛思想
Strengwissenschaftliche Methode 严格科学的研究方法
Sudermann, Hermann 苏德尔曼
Swift, Jonathan 斯威夫特
Sympathy 同情

Taine, Hippolyte Adolphe 泰纳
Tavernier 达维尔涅
Tennyson, Alfred 丁尼生
Terence 泰伦斯
Textual criticism 考证
Thackeray, William 萨克雷
The Commune 公社
The excess 过度
The law 法
The Many 多
The One 一
The oneness of nature and human nature 自然与人性统一
Thiers, Marie-Joseph-Louis-Adolphe 梯也尔
Tiberius 提比略
Tocqueville, Alexis de 托克维尔
Tory 托利党

Troyes, Chrétien de 克雷蒂安·德·特鲁瓦

Ultra-aesthetic 超美学的
Undergraduate system 本科生培养制度
Unity 统一
Universal life 普遍的生活
Universal literature 普遍文学
Universal relativity 普遍相对性
University snobs 大学里的势利小人
ὕβρις 傲慢

Virgil 维吉尔
Virtues of concentration 集中性的德性
Virtues of expansion 扩张性的德性
Vis inertiae 惰性

Whirlpool《漩涡》
Wise passiveness 明智的被动
Wordsworth, William 华兹华斯
World force 世界力量
Worship of energy 能量崇拜
Wycherley, William 威彻利

Zola, Émile 爱弥尔·左拉

图书在版编目（CIP）数据

文学与美国的大学：为捍卫人文学科而作 /（美）欧文·白璧德著；张沛，张源译. — 北京：商务印书馆，2022
（白璧德文集；第 1 卷）
ISBN 978-7-100-20960-1

Ⅰ. ①文… Ⅱ. ①欧… ②张… ③张… Ⅲ. ①高等教育－研究－美国 Ⅳ. ① G649.712

中国版本图书馆 CIP 数据核字（2022）第 119576 号

权利保留，侵权必究。

白璧德文集
第 1 卷
文学与美国的大学
为捍卫人文学科而作
张沛　张源　译

商务印书馆出版
（北京王府井大街36号　邮政编码100710）
商务印书馆发行
上海雅昌艺术印刷有限公司印刷
ISBN 978-7-100-20960-1

2022年9月第1版	开本	710×1000　1/16
2022年9月第1次印刷	印张	13½

定价：98.00元